Richard Deiss

Schwangere Auster und Hohler Zahn

AF285654

555 Bauwerkebeinamen und was dahinter steckt

Adresse des Autors:
Machnower Str. 65
D-14165 Berlin
Richard.Deiss@gmail.com

*Anregungen und Kommentare sind willkommen und
werden in der nächsten Auflage ggf. berücksichtigt.*

Herstellung und Verlag: BoD- Books on Demand,
Norderstedt

Vierte Auflage 2019, Originalausgabe

Printed in Germany

*Der Inhalt dieses Buches entspricht der Privatmeinung
des Autors.*

ISBN   978-3-839-1707-31

**Bibliografische Information der Deutschen
Nationalbibliothek**

Die Deutsche Nationalbibliothek verzeichnet diese Publikation
in der Deutschen Nationalbibliografie; detaillierte bibliografische
Daten sind im Internet über http://dnb.d-nb.de abrufbar.

Inhalt

Vorwort

Obwohl viele markante Gebäude im Volksmund Beinamen haben, gibt es meist nur örtliche Zusammenstellungen von Gebäudebeinamen. Überregionale und internationale Gebäudebeinamenlisten fehlen dagegen. Zur Schließung dieser Lücke möchte dieses Buch ein klein wenig beitragen. Ähnliches habe ich bereits mit Büchern zu Länder-, Regions-, Stadt- und Verkehrsbeinamen versucht.

In meinem Stadtteilbeinamenbuch ‚*Hibbdebach bis Dribbdebach*‘ hatte ich ein Kapitel zu Beinamen von Gebäuden, Straßen und Plätzen. Dieses Kapitel bot jedoch nicht genug Raum, die Vielfalt von Beinamen darzustellen. Aufbauend auf diesem Kapitel und einem Bahnhofskapitel im Verkehrsbeinamenbuch „*Silberling und Bügeleisen*‘ möchte dieses kleine Taschenbuch die Sammlung von Gebäudebeinamen weiterführen.

Eine Geographie der Gebäudebeinamen zeigt kaum erwartete Beinamenmetropolen. Als Welthauptstadt der Gebäudenamen kann beispielsweise Rotterdam gelten. Für die Stadt sind über 100 Beinamen belegt. Rotterdam wurde im Krieg stark zerstört und kann heute mit avantgardistischer Architektur aufwarten, die allerdings nicht jedem gefällt. Der Entwurf für den neuen Hauptbahnhof der Stadt wird im Volksmund Patatzak (Kartoffelsack) genannt, das moderne Empfangsgebäude des Bahnhofs Blaak wird Pedaalemmer (Mülleimer) genannt. Auch andere niederländische Städte, wie etwa Amsterdam und Tilburg, sind reich an Gebäudebeinamen. In Europa zählen neben den Niederlanden und Deutschland auch Großbritannien und Schweden zu den Ländern, in denen Gebäudebeinamen häufig sind. Dementsprechend gehören London und Göteborg zu den wichtigen europäischen Beinamenstädten.

Die deutsche Beinamenmetropole ist ganz eindeutig Berlin. Nirgends sonst in Deutschland hat der Volksmund so viele Beinamen für Gebäude hervorgebracht. Beispiele sind *Schwangere Auster* für die Kongresshalle, *Hohler Zahn* für die Kaiser-Wilhelm-Gedächtniskirche oder *Gürteltier* für das Ludwig-Erhard Haus (weitere Beinamen unter den jeweiligen Gebäudekategorien). Zu DDR-Zeiten war Humor ein wichtiges Frustventil der Bevölkerung. Ost-Berliner erwiesen sich deshalb als kreative Beinamenerfinder. Ein Beispiel ist der Palast der Republik, im Volksmund wegen der Innenbeleuchtung auch *Erichs Lampenladen* genannt. Dessen P wurde auch schon mal sächsisch weich wie B ausgesprochen (‚Ballast der Republik‘).

Durch die Hochhäuser ist Frankfurt in Deutschland eine weitere wichtige Gebäudebeinamenstadt. Beispiele sind *Soll und Haben* für die Deutsche Bank-Türme, *Bleistift* für den Messeturm und *Bundeskegelbahn* für die Kunsthalle Schirn.

Außerhalb Europas ist New York eine Stadt mit vielen Wolkenkratzerbeinamen.

Viele Beinamen haben sich durch den mit den Olympischen Spielen zusammenhängenden Bauboom auch in Peking ergeben. Das Nationalstadion wird Vogelnest genannt, das Nationale Zentrum für Bildende Künste heißt im Volksmund *Entenei*.

Zukünftige Neuauflagen dieses Taschenbuches werden versuchen, neu aufkommende Gebäudebeinamen wiederzugeben, so dass sich jeweils ein aktueller Überblick wichtiger Gebäudebeinamen ergibt.

Berlin, im Juni 2019
Richard Deiss

1. Berühmte Gebäude als Beinamengeber

In Bezug auf Beinamengeber steht das Schloss von Versailles bei den Bauwerken an erster Stelle. Dieses im 17. Jahrhundert gebaute Barockschloss war Vorbild zahlreicher Schlösser in Europa. Noch heute führen etwa 20 Schlösser in Europa Beinamen, die auf den Vergleich mit Versailles abzielen.

Relativ häufig ist auch die Athener Akropolis als Beinamengeber. Mit Akropolis werden verschiedene Gebäudetypen oder -komplexe benannt, so klassische Gebäude, auf einem Hügel thronende Gebäude-Ensemble oder Museumsinseln wie in Berlin.

Zu den wichtigen Beinamenlieferanten gehört auch der Pariser Eiffelturm. Das deutsche Gebäude, welches am häufigsten als Beinamengeber auftritt, ist das Schloss Neuschwanstein.

Gebäude/Komplex,   im Buch gelistete Beinamen

Gebäude/Komplex	im Buch gelistete Beinamen
1. Versailles (Schloss)	21
2. Akropolis	19
3. Eiffelturm	18
4. Neuschwanstein	10
5. Taj Mahal	9
6. Sixtinische Kapelle	9
7. Kreml	7
8. Chinesische Mauer	6
9. Louvre	5
10. Potala	5
11. Kolosseum	4
12. Petersdom	4

1.1 Versailles

Schloss	Beiname
Bensberg, Schloss	Rheinisches Versailles
Ludwigsburg, Schloss	Schwäbisches Versailles
Ludwigslust, Schloss	Versailles des Nordens
Molsdorf, Schloss	Thüringisches Versailles
Nordkirchen, Wasserschloss	Westfälisches Versailles
Pillnitz, Schloss	Sächsisches Versailles
Potsdam, Schloss Sanssouci	Preußisches Versailles
Rastatt, Residenz	Badisches Versailles
Schloss Herrenchiemsee	Bayerisches Versailles
Schwetzingen, Schloss	Kurpfälzisches Versailles
Würzburg, Residenz	Fränkisches Versailles
Rohan, Schloss	Elsässisches Versailles
Fertod, Schloss Esterhazy	Ungarisches Versailles
Schloss Nove Hrady	Böhmisches Versailles
St. Petersburg, Peterhof	Versailles des Ostens
Schloss Drottingholm	Versailles des Nordens
Schloss Wilanow	Polnisches Versailles
Bialystok, Branicki-Schloss	Versailles des Nordens
Arnheim, Palast het Loo	Versailles des Nordens
Lettland, Schloss Rundale	Versailles des Ostens
Caserta	Versailles von Neapel

Das im gleichnamigen Pariser Vorort gelegene Schloss Versailles ist Inbegriff einer prächtigen barocken Schlossanlage, vor allem seit Ludwig XIV. es ab 1661 einschließlich aufwändiger Gartenanlagen ausbauen ließ. Kein Wunder also, dass Versailles als Maßstab gilt und der häufigste Beiname von Schlössern in Europa ist. Im einst kleinstaatlichen Deutschland mit seinen zahlreichen Residenzen gibt es unter anderem ein westfälisches (Wasserschloss Nordkirchen), ein schwäbisches (Ludwigsburg), ein badisches (Rastatt), ein bayerisches (Herrenchiemsee), ein preußisches (Potsdam, bzw. Sanssouci) und ein mecklenburgisches (Ludwigslust) Versailles.

1.2 Akropolis

Gebäudekomplex	Spitzname
Aachen, Belvedere	Akropolis Aachens
Berlin, Museumsinsel	Preußische Akropolis
Hochschule Esslingen, Gebäude auf einem Hügel	Akropolis
Hettstedt, Zinkvitriolanlage	Akropolis
Leuchtenberg, Burgruine	Akropolis der Oberpfalz
Meißen, Albrechtsburg	Sächsische Akropolis
Marbach, Museum für Literatur	Schwäb. Akropolis
München, Maximilianeum	Bayerische Akropolis
Rüdersdorf, Kulturhaus	Akropolis
Stuttgart, Königsbau	Schwäb. Akropolis
Weimar, Kaserne rechts der Ilm	Weimarer Akropolis
Chartres, Kathedrale	Akropolis Frankreichs
Domme	Akropolis des Perigord
Krakau, Wawel	Polnische Akropolis
Ljubljana, Plecnik-Parlament (Entwurf, nicht gebaut)	Slowenische Akropolis
Prag, Hradschin	Böhmische Akropolis
Rock Cashel	Ireland's Acropolis
Säben, Kloster	Akropolis von Südtirol
Groß Zimbabwe, Tempel	Akropolis

Akropolis steht für einen auf einem Hügel über einer Stadt thronenden (klassischen) Gebäudekomplex, teilweise auch im Zustand einer Ruine. Als Bauwerkbeiname ist Akropolis fast so häufig wie Versailles, bezeichnet aber ganz unterschiedliche Gebäudetypen. Gebäudekomplexe, welche im Volksmund Akropolis genannt werden, schließen denn auch eine Zinkvitriolanlage in Ostdeutschland, eine Burg in Meißen, eine Hochschule in Esslingen und ein Literaturmuseum in Marbach ein. Sogar die Kathedrale von Chartres wurde bereits so bezeichnet - der Bildhauer Rodin etwa nannte sie ein *französisches Akropolis.*

1.3 Eiffelturm

Bauwerk	Spitzname
Campen, Leuchtturm	Ostfriesischer Eiffelturm
Essen, Zeche Zollverein	Eiffelturm des Ruhrgebietes
Ismaning, Sendeanlage (abgebaut)	Bayerischer Eiffelturm
Ilfeld, Poppenturm	Kleiner Eiffelturm
Lichterfeld, F60 Abraumförderbrücke	Liegender Eiffelturm der Lausitz
Müngstener Brücke	Eiffelturm des Bergischen Landes
Osten, Schwebefähre	Eiffelturm des Nordens
Schomberg-Turm	Eiffelturm des Sauerlandes
Stuttgart-Möhringen, Richtfunkstation	Möhringer Eiffelturm
Wiesbaden, Bismarckturm	Wiesbadener Eiffelturm
Würzburg, Frankenwarte-Sendeturm	Würzburger Eiffelturm
International	
Fazilka	Fazilka-Eiffel
Gleiwitz, Sendeturm	Schlesischer Eiffelturm
Prag, Petrin-Turm	Prags kleiner Eiffelturm
London Crystal Palace Transmitter	London's Eiffel Tower
London, geplanter Olympiaturm	Drunken Eiffel tower, Piffle tower, Eyeful tower
Coney Island Parachute Jump	Brooklyn's Eiffel Tower
Tokyo Tower	Japans Eiffelturm

Der 1887-1889 zur Pariser Weltausstellung (und Hundertjahrfeier der Französischen Revolution) in Paris erbaute, nach dem Ingenieur Gustave Eiffel benannte Turm war Vorbild zahlreicher ähnlicher Türme, so in Tokio, Berlin (Funkturm) und in Blackpool. Teilweise wurden in Vergnügungsparks auch Kopien in verkleinertem Maßstab errichtet, so in Las Vegas (etwa 1:2) und in Shenzhen in China (etwa 1:3). Dabei stieß der Eiffelturm zunächst auf Widerstand der Pariser Bevölkerung, vor allem Künstler sprachen sich gegen diese ‚*Straßenlaterne*‘ bzw. ‚*düsteren Fabrikschornstein*‘ aus. Doch im Laufe der Zeit gewöhnten sich die Pariser an den Turm und als nach der ursprünglich geplanten Nutzungszeit von 20 Jahren ein Abbruch diskutiert wurde, protestierten Dichter wieder - diesmal für den Erhalt. Da sich der Turm zudem als wertvoll für die aufkommende Kommunikationstechnik erwiesen hatte, blieb er letztlich stehen. Von 1889 bis 1930 war er sogar das höchste Bauwerk der Welt (1931 wurde das Empire State Building eröffnet). Der 300 m hohe Turm (mit Antenne 325 m) wiegt 10 000 Tonnen und wird von 2.5 Millionen Nieten zusammen gehalten.

Der Eiffelturm ist eines der wenigen Pariser Bauwerke, welches einen Spitznamen trägt. Die Pariser sagen la *dame de fer* (eiserne Lady/Dame) zum Turm. Der Opernarchitekt Charles Garnier nannte ihn angeblich ‚*Himmelsnagel*‘ (*le clou céleste*). Trotz des Turmnamens war nicht Gustave Eiffel (1832-1923), sondern Stephen Sauvestre der Architekt, der den Turm konzipierte. Die Konstruktionsidee und die statischen Berechnungen stammen wiederum von dem Elsässer (später Schweizer) Maurice Koechlin, leitender Ingenieur im Büro Gustave Eiffel. Da Eiffels Firma den Turm errichtete, wurde er schließlich Eiffelturm genannt. Da Eiffels Nachname der Tatsache zu verdanken ist, dass seine Vorfahren aus der Eifel stammten (die im 19. Jahrhundert noch Eiffel geschrieben wurde), steht der Name des Turmes also auch mit dem deutschen Mittelgebirge in Zusammenhang.

Heute ist der Eiffelturm eine der wichtigsten Touristenattraktionen von Paris. Jedes Jahr wird er von 6 Millionen Touristen besucht. Insgesamt waren es bereits eine Viertelmilliarde.

1.4 Neuschwanstein

Schloss	Spitzname
Boitzenburg, Schloss	Neuschwanstein des Nordens
Burg Eltz	Neuschwanstein der Eifel
Königswinter, Schloss Drachenburg	Rheinisches Neuschwanstein
Leichlingen, Müllerhof	Neuschwanstein an d. Wupper
Soltau, Montagnetto	Neuschwanstein des Nordens
Schwerin, Schloss	Neuschwanstein des Nordens
Wernigerode, Schloss	Neuschwanstein des Nordens
Krumau, Schloss Frauenberg	Neuschwanstein des Ostens
Schloss Peles	Neuschwanstein Rumäniens
Bayerische Vertretung, Brüssel	Schloss Neuwahnstein Neuschwanstein Brüssels

Das in der zweiten Hälfte des 19. Jahrhunderts für den bayerischen König Ludwig II. erbaute Schloss Neuschwanstein ist Beinamengeber für ähnlich pittoreske historistische Schlossanlagen, vor allem wenn sie, wie das Vorbild, von Türmchen gekrönt sind. Neuschwansein selbst hatte übrigens die Wartburg in Thüringen zum Vorbild. In Deutschland gibt es vier Bauwerke, die *Neuschwanstein des Nordens* genannt werden. Dazu gehören das Schloss Boitzenburg in der Uckermark, das auf einer Insel im Schweriner See gelegene Schweriner Schloss, das Schloss von Wernigerode im Harz und die Jagdvilla Montagnetto in Soltau. Die Drachenburg auf dem Drachenfels in Königswinter bei Bonn wird manchmal als *rheinisches Neuschwanstein* bezeichnet. Es gibt zudem Pläne, die Albrechtsburg in Meißen aus ihrem touristischen Dornröschenschlaf zu wecken und als ‚*Neuschwanstein des Ostens*‘ zu vermarkten. Mit der Bayerischen Vertretung hat heute auch Brüssel sein ‚Neuschwanstein‘ (bzw. ‚*Neuwahnstein*‘) .

1.5 Taj Mahal

Stadt, Bauwerk	Spitzname
Agra, Bibi Ka Maqbara	Poor man's Taj
Budapest, Brauereigebäude	Taj Mahal
Dublin, Leinster House	Chas Mahal
Houston, Automuseum	Garage Mahal
Houston, Astrodome	Taj Mahal of Sports
Houston, School District Building	Taj Mahal
Los Angeles, Kirchengebäude	Taj Mahony
Ipoh, Bahnhof	Taj Mahal von Ipoh
Universal City, Texas Randolph Air Force Base	Taj Mahal

Das Taj Mahal ('Krone des Ortes') in Agra ist ein Mausoleum, welches der Großmogul Shah Jahan zum Gedenken an seine verstorbene Hauptfrau Mumtaz Mahal 1631-1648 erbauen ließ. Als Beiname steht Taj Mahal für ein frei stehendes Gebäude mit im Vergleich zu seiner Funktion leicht übertriebener architektonischer Eitelkeit.

Als Gebäudebeiname scheint Taj Mahal in Texas beliebt zu sein, vor allem in Houston. Dort gibt es drei Gebäude, die einen Taj Mahal-Spitznamen tragen, darunter ein neues Automuseum, das *Garage Mahal* genannt wird. Auch ein Luftwaffenstützpunkt in Texas wird *Taj Mahal* genannt.

In der malaysischen Stadt Ipoh wird der örtliche Bahnhof mit dem Taj Mahal verglichen. In Dublin gibt es ein Dienstgebäude der Regierung, das Chas Mahal genannt wird. Es ist nach dem Vornamen des dreimaligen irischen Premierministers Charles J. Haughey (1925-2006) benannt. Haughey war für seinen verschwenderischen Stil bekannt. Er ließ ein herrschaftliches Gebäude als Amtssitz so teuer ausbauen, dass die Iren es nach seinem Vornamen, wie oben erwähnt, bald Chas Mahal nannten.

1.6 Sixtinische Kapelle

Ort	Gebäude
Gura Homorului (Rumänien)	Kloster Voronet
Toulouse (Frankreich)	Karmeliterkapelle
Altamira (Spanien)	Höhle
Lascaux (Frankreich)	Höhle
Zillis (Graubünden)	Kirche St. Martin
Carthage, MO (USA)	Kapelle
Tucson (USA)	Mission San Xavier d. Bac
Andahuaylillas (Peru)	Lehmkirche
Atotonilco (Mexico)	El Santuario
Guagua Pampanga (Philipp.)	Betis-Kirche

Die Sixtinische Kapelle im Vatikan unweit des Peters-
doms ist für ihre bedeutenden Gemälde berühmt. Zum
einen sind es Deckenmalereien, die Michelangelo Buona-
rotti im Auftrag des Papstes anbrachte. Zusätzlich ist die
Kapelle durch Wandmalereien von Künstlern wie Sandro
Botticelli und Pietro Perugino geschmückt. Wenn man
etwas mit der Sixtinischen Kapelle vergleicht, will man
die Bedeutung der Wandmalereien betonen.
In Rumänien stehen die bemalten Moldaukirchen auf der
UNESCO-Liste des Weltkulturerbes. Das Kloster Voro-
net beim Ort Gura Homorului wird oft als *Sixtinische
Kapelle des Ostens* bezeichnet. Eine *Sixtinische Kapelle
der Alpen* steht im Graubündner Ort Zillis. Eine Lehm-
kirche in Peru wird als *Sixtinische Kapelle Lateinameri-
kas* bezeichnet. In Mexiko haben mehrere Kirchen (und
eine Kristallhöhle) diesen Beinamen (in Atotonilco und
Tupataro). In den USA wird der Vergleich mit der
Sixtinischen Kapelle auch bei eher kitschigen Wand-
gemälden bemüht, so im Falle einer Kirche in Missouri.
Eher gerechtfertigt ist der Vergleich bei bedeutenden
Höhlenmalereien, so im Falle der Altamira-Höhle (*SK
der Eiszeit*) oder der Lascaux-Höhle in der Dordogne
(*Sixtinische Kapelle der Frühgeschichte*).

1.7 Kreml

Stadt	Gebäude
Berlin	Karlshorst, KGB-Gebäude
Cottbus	Kulturhaus
Eisenhüttenstadt	Eingangsbereich Rathaus
Forst	Bürgerzentrum
Potsdam	Landtag
Budweis	Justizpalast
New York	Board of Education

Der Moskauer Kreml geht auf eine im Mittelalter entstandene Burg zurück und ist der älteste Teil der russischen Hauptstadt. Seine turmreiche rote Mauer schließt zahlreiche historische Gebäude ein, darunter mehrere zwiebelturmgekrönte Kirchen, aber auch modernere Bauwerke. Seit die Hauptstadtfunktion 1918 von St. Petersburg nach Moskau verlagert wurde, ist der Kreml wieder Zentrum der Macht im Lande. Wenn Gebäude den Beinamen ‚Kreml' haben, ist dies nur ausnahmsweise auf ihre architektonische Anmutung zurückzuführen. Ein Beispiel ist der Justizpalast in Budweis, der wegen seinen zahlreichen Türmchen so genannt wird. Meistens wurde der Beiname Kreml politisch gebraucht, so in der DDR als Spitzname für politische Einrichtungen in verschiedenen Städten. In Berlin-Karlshorst hieß das KGB-Gebäude so, in Cottbus wurde das Kulturhaus im Volksmund früher *Kreml* genannt, in Forst war es ein Bürgerzentrum, in Eisenhüttenstadt der Eingangsbereich des Rathauses. In Potsdam heißt das Landtagsgebäude wegen der roten Farbe der Ziegel im Volksmund noch heute *Kreml*. Im Jahre 2003 meinte der New Yorker Bürgermeister Bloomberg, der in der Livingston Street 110 sitzende Board of Education (Bildungsausschuss) wäre so etwas wie der sowjetische Kreml.

1.8 Chinesische Mauer

Stadt	Gebäude
Den Haag	Studentenwohnkomplex Meerderdevoort
Vilnius	Burg
Peking	Luftschutz-Tunnelsystem (‚Underground Great Wall')
Gadzhiyevo (Russland)	Langgezogener Plattenbaukomplex
Tjumen (Russland)	Langgezogenes Wohngebäude
Lviv (Ukraine)	Langer Plattenbau

Die Chinesische Mauer gilt als nach Bauvolumen größtes Bauwerk der Welt. Seit etlichen Jahrzehnten kursiert das falsche Gerücht, die von dort nicht sichtbare chinesische Mauer wäre das einzige Bauwerk, welches man aus dem Weltall sehen kann. In China wird die Mauer auch ‚10 000 Li lange Mauer' genannt. 1 Li ist etwa ein halber Kilometer, aber mit dem Beinamen ist eher gemeint, dass die Mauer sehr lang ist, denn 10 000 steht im Chinesischen für eine unvorstellbar große Zahl. Da beim Jahrhunderte langen Bau der Mauer, der bereits im 5. Jahrhundert vor Christus einsetzte, viele Menschen starben, hat die Mauer auch den Beinamen *,langer Friedhof'*. In Osteuropa, vor allem in der ehemaligen Sowjetunion, werden sehr lange Plattenbaukomplexe manchmal mit dem Spitznamen *Chinesische Mauer* belegt, so zum Beispiel in Tjumen (Russland) und in Lviv (Ukraine). In Den Haag hat der langgezogene Bau eines Studentenwohnheims ebenfalls den Beinamen *Chinesische Mauer*. In Vilnius ähneln Elemente der Burgfeste der Chinesischen Mauer, deshalb hat diese ebenfalls einen entsprechenden Beinamen.

1.9 Louvre

Stadt	Gebäude
Braunschweig	Herzog Anton Ulrich Museum
Dresden	Residenz, Grünes Gewölbe
Hamburg	Kunsthalle, Neubau
St. Petersburg	Eremitage
Taipeh	Nationales Palastmuseum

Der Pariser Louvre ist ein riesiger, ehemaliger französischer Königspalast, der heute eines der größten Kunstmuseen der Welt beherbergt. Die Sammlung des Louvre-Museums umfasst mehr als 300 000 Werke, von denen etwa 35 000 auf einer Ausstellungsfläche von über 60 000 m^2 präsentiert werden.

Der Louvre ist heute Inbegriff einer reichen Kunstsammlung. So wird die Eremitage in St. Petersburg auch als ‚*Louvre des Ostens*' bezeichnet. Auch das Palastmuseum von Taipeh wird so genannt. Es beherbergt mit 600 000 Werken die weltweit größte Sammlung chinesischer Kunstwerke. Am Ende des chinesischen Bürgerkrieges, als die Kuomintang nach Taiwan flüchtete, brachte sie dorthin viele Kunstwerke der kaiserlichen Sammlung vor den Kommunisten in Sicherheit.

In Deutschland wird das Grüne Gewölbe der Dresdner Residenz manchmal als ‚*sächsischer Louvre*' bezeichnet. Als 1995 die Hamburger Kunsthalle um die Galerie der Gegenwart erweitert wurde, sprachen manche Journalisten euphorisch vom ‚*Louvre des Nordens*'. Heute würde man angesichts leerer Kassen und einer zeitweise erfolgten Schließung der Galerie davon sicherlich nicht mehr sprechen. Das bis 2016 sanierte Herzog Anton Ulrich Museum in Braunschweig wird ebenfals *Louvre des Nordens* genannt.

Bis 2012 enstand im Emirat Abu Dhabi ein Louvre-Ableger, auch ‚*Wüsten-Louvre*' genannt.

1.10 Potala

Stadt, Region	‚Little Potala'
Chengde	Putuo Zongcheng-Tempel
Zhongdian (Yunnan)	Songzanlin-Kloster
Derge (Sichuan)	Palpung Gompa (Babang)
Xigaze	Xigasamzhuze-Burg
Ladakh (Indien)	Thikse-Kloster

Der Potala-Palast in der tibetischen Hauptstadt Lhasa ist offizielle Residenz und Regierungssitz des Dalai Lamas (der heute im indischen Exil lebt). Der Palast, dessen wesentliche Teil im 17. Jahrhundert erbaut wurden, wurde 1994 in die UNESCO-Liste des Welterbes aufgenommen.

In China (und Nordindien) gilt der Potala-Palast als als Inbegriff eines buddhistischen Bergpalastes.

Der Putuo-Zongcheng-Tempel in der nordöstlich von Peking gelegenen Stadt Chengde gilt den Chinesen als ‚Kleiner Potala-Tempel'. Der Tempel wurde 1767-1771 (Qing-Dynastie) erbaut und bildet den Zentralbau des tibetischen Potala nach.

Mit dem Songzanlin-Kloster gibt es auch in der Provinz Yunnan und mit dem Palpung Gompa auch in Sichuan einen ‚kleinen Potala'.

Sogar in Indien gibt es einen *Mini-Potala*. So wird manchmal das buddhistische Thikse-Kloster in Ladakh, einer buddhistisch geprägten Region in Nordindien, die auch ‚kleines Tibet' genannt wird, als *Mini-Potala* bezeichnet.

1.11 Kolosseum

Stadt	Gebäude
Berlin	Kanzleramt (Kohlosseum)
Bissendorf	Büro und Wohngebäude
Rom	EUR, Palazzo della Civilta Italiana (quadratisches Kolosseum)
Schaffhausen	Betonbau Kreuzung Rheinufer/Bachstrasse

Das zwischen 72 und 80 nach Christus erbaute Kolosseum war das größte Amphitheater des antiken Rom und zählt heute zu den Wahrzeichen der italienischen Hauptstadt. Wuchtige Rundgebäude erhalten heute gelegentlich den Spitznamen Kolosseum.

Eine Ausnahme ist der Palazzo della Civita Italiana des unter Mussolini gebauten Weltausstellungsgeländes E.U.R. Dieser Bau wird *colosseo quadrato*, ‚quadratisches Kolosseum' also, genannt.

In Bissendorf bei Osnabrück hat ein ringförmiges Wohn- und Bürogebäude in der Innenstadt den Beinamen Kolosseum, in Schaffhausen ein Betonneubau unweit des Rheinufers.

Wortspielhaft wird das Bundeskanzleramt in Berlin manchmal nach Helmut Kohl, der nie darin residierte, es aber in Auftrag gegeben hatte, *Kohlosseum* genannt. Ein gebräuchlicherer Spitzname des Gebäudes ist heute *Kanzlerwaschmaschine*, gelegentlich wird es auch als *Rentenloch* bezeichnet.

Auch das historische Gebäude einer alten Sauerkrautfabrik in Wesselbüren an der Deutschen Kohlstrasse nennt sich wortwitzig *Kohlosseum*.

1.12 Petersdom

Stadt	Gebäude
Hannover	Basilika St. Clemens
Berlin	Dom
Weingarten	Basilika
Markt Pöllau	Pfarrkirche St. Veit

Der 1506 bis 1626 erbaute Petersdom in Rom ist mit über 15 000 m^2 eine der größten Kirchen der Welt und Zentrum der Vatikanstadt, eines unabhängigen Staates. Die Basilika St. Clemens in Hannover ist die nördlichste Kirche in Europa, die im venezianischen Barockstil erbaut wurde. Sie wird auch *Petersdom des Nordens* genannt. Eher selten wird der neobarocke Berliner Dom als (protestantischer) *Petersdom des Nordens* bzw. *Preußens Petersdom* bezeichnet. Kaiser Wilhelm II. soll den Petersdom in Rom als Architekturvorbild vorgegeben haben, doch die Architektur des Baus galt als missglückt, so dass er auch *St. Hässlich* genannt wurde. Doch so lautet sein Beiname heute nicht mehr, denn ein vereinfachter Wiederaufbau nach Kriegszerstörungen hat der Ästhetik des Baus schließlich eher gut getan. Als *schwäbischer Petersdom* wird die 1724 vollendete Basilika St. Martin im württembergischen Weingarten bezeichnet. Als *steirischer Petersdom* gilt die Stifts- und Pfarrkirche St. Veit in Markt Pöllau.

Als Petersdom Afrikas kann Notre-Dame-de-la-Paix de Yamoussoukro in der Elfenbeinküste gelten. Diese Petersdom-Kopie ließ der erste Staatspräsident Felix Houphouet Boigny 1985-1988 aus dem Urwaldboden seines Heimatdorfes Yamoussoukro stampfen, welches er 1983 zur Hauptstadt des Landes gemacht hatte.

2. Andere Beinamengeber von Gebäuden

Da etliche Gebäude wegen unstabilem Grund schief stehen, ist ‚*der Schiefe Turm*' einer der häufigsten Gebäudebeinamen. Ein populärer Gebäudebeiname ist auch *Ufo*. Gebäude, die einer runden Scheibe ähneln und irgendwie über den Dingen schweben, werden schnell als Ufo bezeichnet. Sind sie mehr hoch als breit gelten sie dagegen oft eher als *Käseglocke*. Wird die Glockenform durch kantige Ausbuchtungen modifiziert, ist man bei der *Zitronenpresse* angelangt. Bildet das Rund nur ein Kreissegment, ist dagegen der Spitzname *Banane* üblich, bei wuchtiger Kubatur und geringer Krümmung auch *Walfisch*. Gibt es nur Rundungen und keine flachen Stellen, spricht der Volksmund auch vom *Ei*. Fällt eine Fassade etwas sanfter als senkrecht ab, gilt sie schnell als *Affenfelsen*.

Beiname	im Buch gelistete Beispiele
1. Der Schiefe Turm	14
2. Ufo	12
3. Banane	9
4. Affenfelsen	8
5. Beamtenlaufbahn	8
6. Elefantenklo	6
7. Pyramide	6
8. Käseglocke	6
9. Tintenfass	6
10. Zitronenpresse	5
11. Ei	5
12. Walfisch	4
13. Bleistift	4
14. Blechbüchse	3
15. Diamant	3

2.1 Schiefer Turm

Bauwerk	Spitzname
Pisa, Campanile	Schiefer Turm von Pisa
Bad Camberg, Untertorturm	Schiefer T. von Bad Camberg
Bautzen, Reichenturm,	Schiefer Turm von Bautzen
Dausenau, Turm	Schiefer Turm von Dausenau
Soest, Alt St. Thomä	Schiefer Turm
Kamen, Pauluskirche	Schiefer Turm
Köln, St. Johann Baptist	Schiefer Turm von Köln
Mainz, Turm der Kunsthalle	Schiefer Turm von Mainz
Munningen, Kirchturm	Schiefer Turm
Oberstdorf, Sprungschanze	Schiefer Turm von Oberstdorf
Ostrau, Kirche von Jahna	Schiefer Turm
Suurhusen, Kirchturm	Schiefer Turm von Suurhusen
Thorn, Stadtmauer-Turm	Schiefer Turm von Thorn
Würzburg, Hotelturm	Schiefer Turm von Pia

Etliche Bauwerke werden aus nahe liegenden Gründen *„Schiefer Turm von..‘* genannt. Beinamensvorbild ist der Schiefe Turm von Pisa. Dieser wurde als Campanile, als frei stehender Glockenturm, für den Dom von Pisa geplant, begann sich aber bereits bei seinem Bau, der 1173 startete, aufgrund des Untergrundes aus lehmigem Morast und Sand zu neigen. Der Bau musste mehrmals unterbrochen und konnte erst 1372 vollendet werden. Seit 1987 gehört das Ensemble aus Turm, Kathedrale und Baptisterium zum UNESCO-Welterbe. Mit 3,96 Grad Neigung ist er allerdings nicht der schiefste Turm der Welt. Als solcher gilt laut *Guinness Buch der Rekorde* vielmehr der Kirchturm von Suurhusen in Ostfriesland, der eine Neigung von 5,19 Grad aufweist. Ebenfalls in Ostfriesland liegt der Turm der Midlumer Kirche, welcher sogar 6,74 Grad geneigt ist. Doch dieser massige Bau gilt streng genommen nicht als Turm, da seine Höhe nicht ein Mehrfaches seines Durchmessers beträgt.

2.2 Ufo

Stadt	‚Ufo'
Bochum	Audimax der Uni
Binz	Haus für Rettungsschwimmer
Leverkusen	Rathaus-Galerie
Lünen	Lüntec Tower (Colani-Ei)
Moers	Bürogebäude Riedel Recycling
Singen	Mensa Waldeckschule
Wulkow	Niedrigenergiehaus Domespace
Almere Stad	Brandboxx
Eindhoven	Evoluon (fliegende Untertasse)
Prag	Neue Nationalbibliothek (geplant)
Guatemala City	Domo Zona 13
Laoshan	Radstadion

Leverkusen Rathaus-Galerie

Kreisförmige Gebäude, besonders wenn sie aufgeständert sind, werden gelegentlich UFO genannt. Das neueste UFO genannte Bauwerk ist das Einkaufszentrum *Rathaus-Galerie* in Leverkusen. Am ufomäßigsten sieht jedoch der Lüntec Tower, auch Colani-Ei genannt, aus.

2.3 Banane

Stadt	‚Banane'
Berlin	Einkaufszentrum am Alex
Erlangen	Bürogebäude Beethovenstraße
Hamburg	Vorhangfassade Zürichhaus
Neckarsulm	Mediathek, Nordbau
Wolfsburg	Klinikum, Bettenhaus G
Lausanne	Mensagebäude der Uni
Rotterdam	Niederländisches Architektur-Inst.
Rotterdam	Gebäude an der Fruitlaan
Wien	Lokal im Volksgarten

Gekrümmte Gebäude werden öfters Banane genannt. Neuestes Beispiel ist das Einkaufszentrum *Alexia* am Alexanderplatz in Berlin, welches auf einem am S-Bahn-Bogen gelegenen, entsprechend geformten Grundstück erbaut wurde. Wegen seiner Farbe wird das nicht gerade geschmackvolle Gebäude auch *Rosa Banane* genannt.
In Erlangen wird ein graues Siemens-Bürogebäude Banane genannt. Unweit davon findet sich ein rosafarbener Bau, der *Himbeerpalast* genannt wird. Teilweise werden bestehende Gebäudekomplexe durch bananenförmige Erdgeschosstrakte erweitert, so bei der Mediathek in Neckarsulm, was zu einem entsprechenden Beinamen führt. Im niederländischen Rotterdam gibt es gleich zwei Bananen-Gebäude. Zum einen wird das Niederländische Architektur-Institut so genannt. Zum anderen wird ein Gebäude, das passenderweise an der Fruitlaan (Obst-straße) liegt, im Volksmund so bezeichnet. In Lausanne wird ein Mensagebäude am Hang, welches von der Eidgenössischen Technischen Hochschule und der Uni von Lausanne genutzt wird und dessen Krümmung die topographischen Gegebenheiten der Hanglage ausnutzt, so bezeichnet.

2.4 Affenfelsen

Stadt	‚Affenfelsen‘
Bensberg	Rathaus
Braunschweig	Studentenwohnheim Rebenring
Hamburg	Oberpostdirektion City Nord
Marburg	Wohnanlage
Amsterdam	Rivierstaete
Den Haag	Außenministerium
Groningen	Gasunie-Gebäude
Rotterdam	Wohngebäude Westblaak

Bensberg Rathaus

Gebäude, die durch ihre nicht ganz senkrechte Fassade oder durch Fassadenrücksprünge und Nischen zum Klettern einladen, werden manchmal *Affenfelsen* genannt. Der bekannteste ‚Affenfelsen‘ in Deutschland ist das Rathaus von Bensberg. Wohnanlagen in Marburg und Braunschweig heißen im Volksmund ebenso. In den Niederlanden gibt es mehrere ‚Affenfelsen‘-Gebäude (*apenrots*). Hier wird zum Beispiel das Gebäude des Außenministeriums in Den Haag so genannt.

2.5 Beamtenlaufbahn

Stadt	Spitzname
Bad Neustadt a.d. Saale, Verbindung von zwei Bürohäusern	Höhere Beamtenlaufbahn
Berlin, Brücke am Paul-Löbe Haus	Gehobene Beamtenlaufbahn
Bochum, Knappschaft, ehem. Verbindungstrakt	Beamtenlaufbahn
Bochum Verbindung Rathaus-Polizeipräsidium	Beamtenlaufbahn
Hildesheim, Verbindungsgang alter-neues Rathausteil	Beamtenlaufbahn
Leipzig, Verbindungsbrücke Rathaus	Beamtenlaufbahn
Mainz, Verbindung an der ehemaligen Bundesbahndirektion	Beamtenlaufbahn
Nürnberg, Plärrerhochhaus, Verbindungsgang zum Speisesaal	Beamtenrennbahn
Siegen, Landgericht Verbindungs-gang zw. Gebäudeteilen	Beamtenlaufbahn

Der Volksmund nennt Verbindungsgänge zwischen Behördengebäuden, auch wenn dort eher Angestellte als Beamte unterwegs sind, gern ‚Beamtenlaufbahn'. Wenn sich diese Verbindungsgänge in Hochlage befinden, spricht der Volksmund auch neckisch von ‚höherer' oder ‚gehobener' Beamtenlaufbahn. Beispiele sind der Verbindungsgang zwischen einem neuen und einem alten Gebäudeteil des Hildesheimer Rathauses, eine Verbindungsbrücke am Leipziger Rathaus oder die Verbindung Rathaus-Polizeipräsidium in Bochum. Im Berliner Regierungsviertel wird die Fußgängerbrücke am Paul-Löbe-Haus ‚gehobene Beamtenlaufbahn' genannt.

In Nürnberg scheint es hektischer zuzugehen. Dort gibt es am Plärrerhochhaus eine *Beamtenrennbahn*. Im regenreichen Wuppertal gibt es zwischen dem Altbau und dem Neubau des Rathauses eine *Beamtenrutsche*.

2.6 Elefantenklo

Stadt	‚Elefantenklo'
Bad Frankenhausen	Bauernkriegspanorama
Bielefeld	Kunsthalle
Freiburg	Kronenbrücke
Gießen	Fußgängerüberführung
Göttingen	Bismarckstein
Kassel	Documenta-Treppe

Die hessische Universitätsstadt Gießen wurde im Zweiten Weltkrieg stark zerstört und ist von unattraktiver Wiederaufbauarchitektur geprägt. Eine hässlich klobige Fußgängerüberführung ist immerhin zu einer Art lokaler Sehenswürdigkeit geworden. Wegen dreier achteckiger Öffnungen in der Betonplatte nennt der Volksmund die Überführung Elefantenklo oder E-Klo. Die Straßenführung der Kronenbrücke in Freiburg lässt auch ein Loch frei, weshalb sie ebenfalls *Elefantenklo* genannt wird.

Ein weiteres bekanntes ‚*Elefantenklo*' wurde zu DDR-Zeiten in Bad Frankenhausen errichtet. Das Bauernkriegspanorama, das größte Panoramabild der Welt, ist dort in einem runden Gebäude auf einer Anhöhe untergebracht. Die mittlerweile abgerissene hölzerne Dokumenta-Treppe in Kassel kam ebenfalls zum Spitznamen *Elefantenklo*. Die Kunsthalle von Bielefeld hat wegen ihrer plumpen Anmutung ebenso diesen Beinamen provoziert.

Und schließlich hat auch die Universitätsstadt Göttingen ihr Elefantenklo - so wird der Bismarckstein mit seinem Loch bezeichnet. In Düren gab es einst ebenfalls ein ‚*Elefantenklo*'- ein rundes Ehrenmal für die Gefallenen des Ersten Weltkrieges. Es musste jedoch in den 1970er Jahren einer Wohnbebauung weichen.

2.7 Pyramiden

Ort	Gebäude, Ort
Aachen	Lousberg-Obelisk
Düsseldorf	Thyssenhaus
Lennestadt	Sauerland-Pyramiden
Bratislava	Slowakischer Rundfunk
Assuan	Staudamm (Nassers Pyramide)
Mont St. Michel	Ort (Pyramide der Meere)

Gebäude werden aus unterschiedlichen Gründen im Volksmund ‚Pyramide' genannt. Zum einen ist es ihre Form, die manchen Gebäuden zu diesem Beinamen verhilft. Beispiele sind die *Sauerland-Pyramiden* (eigentlich kein Beiname, denn die Bauwerke wurden bewusst als kleine Pyramiden konzipiert und vom Bauherren so bezeichnet) in Lennestadt, die wegen ihrer Form so heißen, und das Gebäude des Slowakischen Rundfunks in Bratislava, welches die Form einer auf den Kopf gestellten Pyramide hat. Der *Mont St. Michel* in Frankreich schließt durch seine Aufbauten pyramidenförmig ab, er wurde von Victor Hugo deshalb und wegen seiner kunsthistorischen Bedeutung *Pyramide der Meere* genannt. Das Thyssenhaus in Düsseldorf hatte dagegen den Spitznamen *Prinz Aurels Pyramide,* weil es im Sinne eines Denkmals unternehmerischer Leistung als Pyramide galt. Ebenfalls als Symbol einer großen politischen und wirtschaftlichen Anstrengung unter Präsident Nasser wurde der Assuan-Staudamm in Oberägypten früher als *Nassers Pyramide* bezeichnet.

2.8 Käseglocke

Stadt	‚Käseglocke‘
Berlin	Jugendfreizeitheim Steglitz
Darmstadt	St. Ludwigskirche
Dresden, Postplatz	Rundes Wartehäuschen
Sondershausen	Käthe Kollwitz Schule
Herne-Wanne-Eickel	ehem. Stadthalle
Worpswede	Rundhaus auf Weyerberg

St. Ludwigskirche Darmstadt (Photo: Oliver Opper)

Zu den bekanntesten wegen ihrer Form als ‚Käseglocke‘ titulierten Gebäuden in Deutschland gehört die St. Ludwigskirche in Darmstadt (südhessisch ‚*Käsglock*‘), ein Rundhaus im Künstlerdorf Worpswede bei Bremen und ein Straßenbahnwartehäuschen am Postplatz in Dresden. In Wanne-Eickel gab es einst eine Stadthalle, die ebenfalls Käseglocke genannt wurde.

29

2.9 Tintenfass

Ort	‚Tintenfass‘
Münzenberg	Burg Münzenberg
Heiderscheidergrund	Achteckige Kapelle
Utrecht	Verwaltungsgebäude der Bahn
St. Petersburg	Isaakskathedrale
Grönland	Kirche in Queqertarsuaq
Kuelap (Peru)	Steingebäude der Festung

Die goldene Kuppel der Isaakskathedrale in St. Petersburg wird wegen ihrer Kubatur auch *Gottes Tintenfass* genannt. Auch in Grönland gibt es eine, allerdings wesentlich kleinere, achteckige Kirche, die *Tintenfass Gottes* oder auch *kleines Tintenfass des Herrn* genannt wird. Diese liegt in einem kleinen Ort an der Disko-Bucht.

Achteckig ist auch eine 1850 erbaute Kapelle im luxemburgischen Heiderscheidergrund im Naturpark Obersauer. Sie wird deshalb ebenfalls *Tintenfass* genannt.

In Utrecht gibt es ein markantes Tintenfass (ndl.: Inktpot) genanntes Verwaltungsgebäude der Niederländischen Eisenbahn, welches in den Jahren 1918-1922 aus 20 Millionen Ziegelsteinen erbaut wurde.

Die Burg Münzenberg in Hessen wird wegen eines rundlichen Turms *Wetterauer Tintenfass* genannt. Und schließlich gibt es auch ein ‚Tintenfass‘ in Peru - so wird wegen seiner Form ein Steingebäude der Kuelap-Festung genannt.

2.10 Die Zitronenpresse

Stadt	,Zitronenpresse'
Dresden	Hochschule für Bildende Künste
Köln	St. Engelbert
Skawina (Pl)	Pfarrkirche
Landwüst	Aussichtspavillon
Den Haag	Zürichturm (Citruspers)

Dresdens Zitronenpresse (Bild: Wikipedia)

Bei entsprechender Dachform werden Gebäude manchmal *Zitronenpresse* genannt. Das bekannteste als Zitronenpresse titulierte Gebäude befindet sich mit der Glaskuppel der Hochschule für Bildende Künste an der Brühlschen Terrasse in Dresden. Erbaut wurde das Hochschulgebäude 1887-1894 von Constantin Lipsius.
Die St. Engelbert-Kirche in Köln-Riehl gilt als weitere markante Zitronenpresse. Eine neuere Zitronenpresse (*Citrus pers*) steht mit dem Zürichturm in Den Haag.

2.11 Ei

Stadt, Gebäude	Spitzname
Berlin, Bundespräsidialamt	Präsidentenei
Garching, Forschungsreaktor	Atomei
Lünen, Lüntec Tower	Colani-Ei
Köln, Peek&Cloppenburg	Ei
Peking, Oper	Großes Ei

Bundespräsidialamt Berlin (Bild: Wikimapia)

Wegen ihrer runden Form werden manche Gebäude auch ‚Ei' genannt. Beispiele sind das Bundespräsidialamt in Berlin als *Präsidenten-Ei*, das *Colani-Ei* in Lünen (auch ‚Ufo' genannt), das *Atom-Ei* des Forschungsreaktors in Garching bei München oder die neue Oper in Peking, auch *Großes Ei* oder *Vogelei* genannt.

2.12 Walfisch

Stadt	‚Walfisch'
Bremen	Universum Science Centre
Köln	Peek&Cloppenburg
Helsinki	Kunstmuseum Kiasma
Prag	Kulturpalast

Kunstmuseum Kiasma in Helsinki (Bild: Benjamin Gilde)

Eine geschwungen-glatte und doch wuchtige Form
verhilft manchen Gebäuden zum Beinamen *Walfisch*.
Darunter sind das 2000 eröffnete Universum Science
Center in Bremen, das 1998 eröffnete Kunstmuseum
Kiasma in Helsinki und das 2005 eröffnete
‚*Weltstadthaus'* der Textilkette Peek&Cloppenburg in
Köln.

2.13 Bleistift

Stadt	‚Bleistift'
Frankfurt am Main	Messeturm
Lyon	Crédit-Lyonnais Bankturm
Den Haag	Zürichturm
Rotterdam	Blaaktoren

Mehrere Hochhäuser, darunter Wolkenkratzer in Frankfurt, Lyon, Den Haag und Rotterdam, haben den Beinamen *Bleistift* (crayon, potlood). Im englischsprachigen Raum ist ein solcher Beiname jedoch selten.

Neben Hochhäusern haben mehrere Kirchtürme Bleistift-Beinamen, so der Crainfelder Bleistift und St. Jacobi in Hamburg.

Messeturm Frankfurt (Bild: Mylius, Wikipedia)

2.14 Blechbüchse

Stadt	‚Blechbüchse‘
Leipzig	Kaufhaus am Brühl
Potsdam	Theaterprovisorium aus Stahl (1992 bis 2006)
Dresden	Ehem. Centrum-Warenhaus (auch Silberwürfel)

Blechbüchse als Architektur-Spitzname, taucht vor allem in Ostdeutschland auf. Bekannteste Blechbüchse ist das ‚Kaufhaus am Brühl‘, das ehemalige Konsument-Warenhaus am Richard Wagner-Platz in Leipzig. Das 1908 eröffnete Kaufhaus Brühl hatte eine Sandsteinfassade, wurde aber im Krieg teilweise zerstört. Beim Wiederaufbau im Jahre 1966 brachte man eine geschwungene, fensterlose Aluminiumfassade an. Aufgrund dieser Fassade nannte der Volksmund das Kaufhaus Blechbüchse. Anfang 2010 begann der Abriss des Gebäudes, denn an seiner statt soll bis Herbst 2011 das Einkaufszentrum ‚Höfe am Brühl‘ entstehen. Die ‚Blechbüchsen‘-Fassade soll abgebaut, zwischengelagert und in ein zweigeschossiges Garagendeck integriert werden. Doch als man im Februar die Aluminiumfassade demontierte, kam dahinter die noch relativ gut erhaltene Sandsteinfassade des Vorgängerbaus zum Vorschein. Obwohl die Bevölkerung die Blechfassade zu DDR-Zeiten lieb gewonnen hatte, regte sich doch bald Widerstand gegen den Abriss des Sandsteinbaus. Im April 2010 versammelten sich mehrere hundert Menschen, um gegen den Abriss der historischen Fassade zu demonstrieren. In Dresden wurde beim Abriss des *Silberwürfel* genannten Warenhauses, teilweise ebenfalls *Blechbüchse* genannt, ebenfalls versucht, die Fassade in einen Neubau zu integrieren. Eine weitere *Blechbüchse* gab es als Theaterprovisorium zeitweise in Potsdam.

2.15 Diamant

Stadt	‚Diamant‘
Bochum	Bergbaumuseum-Anbau
Kopenhagen	Königliche Bibliothek
Minsk	Nationalbibliothek

Im Dezember 2009, rechtzeitig vor Beginn des Ruhr-kulturhauptstadtjahres, wurde der Anbau des Deutschen Bergbaumuseums in Bochum fertig. Wegen seiner Farbe wird er *Schwarzer Diamant* genannt. Einen weiteren *Schwarzen Diamanten* („*Sorte Diamant*‘) gibt es in Kopenhagen - dort hat der Neubau der Königlichen Bibliothek diesen Beinamen.

Ein *Diamant des Wissens* ist mit der neuen National-bibliothek im weißrussischen Minsk entstanden.

Königliche Bibliothek Kopenhagen (Bild: Wikipedia)

3. Sakrale Gebäude

3.1 Kirchengebäude in Deutschland

Kirche	Beiname
Berlin	
Dom	Seelengasometer
Gedächtniskirche	Hohler Zahn
Neue Gedächtniskirche	Lippenstift und Puderdose
Hohenzollernplatzkirche	Kraftwerk Gottes
St. Hedwigskathedrale	umgestürzte Kaffeetasse
Andere Städte	
Ahaus, St. Mariä	St. Horten
Crainfeld, Pfarrkirche	Crainfelder Bleistift
Darmstadt, St. Ludwig	Käsglock (Käseglocke)
Dortmund, Nikolaikirche	Seelensilo
Dortmund, kath. Kirche in Brünninghausen	Seelensprungschanze
Düsseldorf, Bunkerkirche	Stabilste Kirche der Welt
Frankfurt, Paulskirche	Pastete mit Flasche Wein
Freiburg, Münster	Schönster Turm der Christenheit
Greifswald, St. Marien	Dicke Marie
Hamburg, St. Michaelis	Michel (Turm)
Hamburg, St. Ansgar	Kleiner Michel
Hohenhofen, Dorfkirche	Gebetsscheune
Köln-Riehl, St. Engelbert	De Zitronepress
Leverkusen, St. Maria	Sprungschanze Gottes
Lübeck, St. Philippus	St. Seehund
Meerbusch, Christuskirche	St. Schildkröt
München, St. Peter	Alter Peter
München, St. Matthäus	Luthers Achterbahn Christkindl's Badewanne
Neu Hartmannsdorf, Kirche	Honigkirche
Nördlingen, St. Georg	Daniel (Turm)
Nürnberg, Augustinerkirche	Schusterkirche
Papenburg, St. Antonius	Langer Anton (Turm)
Soest, Wiensekirche	Westfälisches Quadrat
Würzburg, St. Anton	Sprungschanze

Berlin hat mehrere Kirchen mit Beinamen. Der Turm der Kaiser-Wilhelm-Gedächtniskirche wird von Berlinern wegen seines Aussehens *hohler Zahn* genannt, der achteckige Neubau des Glockenturms dagegen *Lippenstift* und die Gedenkhalle *Puderdose*. Wuchtiger ist der 1905 erbaute Berliner Dom, wegen der gedrungenen Tonnenanmutung auch *Seelengasometer* genannt.

Die von Fritz Höger (Architekt des Chilehauses in Hamburg) 1933 erbaute evangelische Kirche am Hohenzollernplatz in Berlin-Wilmersdorf wird wegen ihrer wuchtigen-glatten Klinkerkubatur im Volksmund auch *Kraftwerk Gottes* genannt. Klassischer ist die Architektur der katholischen St. Hedwigskathedrale am Berliner Bebelplatz. Ihre Form lehnt sich ans Pantheon von Rom an, der Berliner Volksmund sieht sie jedoch als *,umgestürzte Kaffeetasse'*.

Einst wurde sogar die Kaiserin Auguste Viktoria wegen der Förderung des Kirchenbaus von den Berlinern mit einem Spitznamen versehen - sie wurde *Kirchenjuste* genannt.

Das grazile Freiburger Münster, dessen Türme anders als in Regensburg (1869), Köln (1880) und Ulm (1890), bereits im Mittelalter fertig gestellt wurden, gilt als *,schönster Turm der Christenheit'*.

Der Frankfurter Volksmund nennt die Paulskirche wegen der Farbe des Sandsteins und der Anmutung des Kirchturms *Pastete mit Flasche Wein*.

Mehrere modernere Kirchen haben wegen ihres architektonischen Erscheinungsbildes den Beinamen *Sprungschanze*, so St. Anton in Würzburg, St. Maria in Leverkusen (Seelensprungschanze) und eine katholische Kirche in Dortmund-Brünninghausen.

Kirchengebäude, die 'Dom' genannt werden

Kirchengebäude	Beiname
Altenberg, St. Mariä	Altenberger Dom
	Bergischer Dom
Ankum, St. Nikolas	Artländer Dom
Duderstadt, St. Cyriakus	Eichsfelder Dom
Effelder, St. Alban	Eichsfelder Dom
Eppan, St. Paul	Dom an der Landstraße
Frankfurt, Dreikönigskirche	Sachsenhäuser Dom
Geisenheim, Heilig Kreuz	Dom des Rheingaus
Gerolzhofen, St. Maria	Steigerwald-Dom
Haren, kath. Pfarrkirche	Emsland-Dom
Heidelsheim, Ev. Kirche	Kraichgauer Dom
Heppenheim, St. Peter	Dom der Bergstrasse
Hofbieber, St. Maria	Rhön-Dom
Ilbenstadt, St. Maria	Dom der Wetterau
Letmathe, St. Kilian	Lennedom
Lindenberg, St. Aurelius	Westallgäuer Dom
Markgröningen, Bartholomäus	Strohgäudom
Melle, St.Bartholomäus	Grönegauer Dom
Neheim, Johanneskirche	Sauerländer Dom
Ravengiersburg, Kirche	Hunsrückdom
St. Blasien, Benediktiner-Abtei	Schwarzwalddom
St. Johann, Pongau	Pongauer Dom
Thomasberg, Marienkapelle	Strücher Dom
Übersee, St. Nikolaus	Dom des Achentals
Unterreichenbach, ev. Kirche	Vogelsberger Dom
Waibstadt, Pfarrkirche	Dom des Kraichgaus
Waldkirchen, Pfarrkirche	Dom des Bayer. Waldes
Weyhers, St. Bonifatius	Rhöner Dom
Wimsheim, Michaelskirche	Wimsheimer Dom
Wirges, St. Bonifatius	Westerwälder Dom
Wolnzach, St. Laurentius	Dom der Hallertau
Würzburg, Adalberokirche	Sanderauer Dom
Zwickau, Marienkirche	Zwickauer Dom
Zwiesel, Pfarrkirche	Bayerwalddom

3.2 Kirchtürme

Deutschland und Österreich

Kirchturm	Beiname
Crainfeld, Pfarrkirche	Crainfelder Bleistift
Dittelsheim-Hessloch	Heidenturm
Gersheim, St. Marcus	Heidenturm, Römerturm
Guntersblum, evang. Kirche	Sarazenentürme
Hamburg, St. Jacobi	Bleistift
Juist, Inselkirche	Rakete (Campanile)
Klütz, St. Marien	Bischofsmütze
Linz, St. Peter	Finger Gottes
Marienhafe, Kirchturm	Störtebekers Sarg
Melle, St. Martini	Bueraner Bleistift
Esslingen-Mettingen	Faifagrädler
Fürth-Lautenbach, Alter Turm	Römerturm
Lutter, St. Georg	Der dünne Pastor
Nördlingen, St. Georg	Daniel
Papenburg, Antonius	Langer Anton
Riepe	Riepster Teebüs (Teedose)
Ulm, Münsterturm	Finger Gottes
Ulm, Kuhberg, Heiliggeist	Zeigefinger Gottes
Worms, Stiftsk. St. Paulus	Heidentürme
Dürnstein, Stiftskirche	Fingerzeig Gottes
Möggers (Vorarlberg)	Finger Gottes
Maria Strassengel (Steierm.)	Kleiner Steffl

In Hamburg begrüßt der Turm von St. Michaelis ankommende Schiffe bereits von weitem, er wird im Volksmund *Michel* genannt. Der Turm von St. Ansgar gilt als ,*kleiner Michel*'. In Nördlingen gibt es einen Kirchturm, der *Daniel* genannt wird, in Papenburg einen ,*langen Anton*'. Oft werden Kirchtürme *Finger* oder *Zeigefinger Gottes* genannt, seltener *Fingerzeig Gottes* (so in Dürnstein in der Wachau). Kirchtürme, die irgendwie fremdländisch rund abschließen, werden gelegentlich auch Heidentürme (oder Sarazenentürme) genannt. Teilweise sind diese Kirchen zu Zeiten der Kreuzzüge gebaut worden und kamen den Einheimischen orientalisch vor. In München werden die runden Endungen der Türme der Frauenkirche ,*welsche Hauben*' genannt.

Etliche schlanke, hohe Türme werden auch als *Bleistift* bezeichnet, so St. Jacobi in Hamburg, die Pfarrkirche in Crainfeld oder St. Martini in Melle. Eher selten ist eine Bezeichnung wie in Lutter, wo St. Georg *dünner Pastor* genannt wird.

Im ostfriesischen Marienhafe mussten im Jahre 1829 die oberen zwei Stockwerke des Kirchturms entfernt werden. Die daraus resultierende Anmutung gab dem Turm den Spitznamen *Störtebekers Sarg*.

International

Kirchturm	Beiname
Boston, UK, St. Botolphs	Der Stumpen
Bourges, Saint-Etiénne	Butterturm (Nordturm)
Cork, St. Anne's Church	Pepperpot
Groningen, St. Joseph	Betrunkenenturm
Kadashi, Wiederauferst.	Kerze
Salamanca, Kathedrale	Hahnenturm
Segovia, St. Esteban	Königin d. Kirchtürme Spaniens
Willisau, Pfarrkirche	Heidenturm
Montreal, Basilika	Ausdauer und Mäßigung
Moskau, Kreml-Glockent.	Kerze des Kreml

In Groningen heißt der Turm von St. Joseph auch *Betrunkenenturm*, weil man von jeder Perspektive zwei Kirchenuhren gleichzeitig sieht. Der im 13. Jahrhundert in spätromanischem Stil erbaute Turm von St. Esteban in Segovia gilt als ,*Königin der Kirchtürme Spaniens*'.

3.3 Kirchengebäude in Europa

Kirche	Beiname
Amsterdam, Westerkirche	Langer Jan (Turm)
Budapest, Benediktiner-K.	Ziegenkirche
Chartres, Kathedrale	Akropolis von Frankreich
Danzig Marienkirche	Dicke Marie
Helsinki, Kathedrale	Hochzeitstorten-Kirche
Liverpool, Neue Kathedrale	Paddy's Wigwam
Lyon, Fourvière-Basilika	Auf dem Rücken lieg. Elefant
Malaga, Kathedrale	La manquita, die Einarmige
Palma de Mallorca, La Seu	Kathedrale des Lichts
Paris, Notre Dame	Symphonie in Stein
Paris, Sacre Coeur	Zuckerbäckerkirche
Reims, Notre Dame	Kathedrale der Engel
Rom, Lateranbasilika	Mutter der Kirchen
Straßburg, Thomaskirche	Kathed. d. elsäss. Protestantismus
St. Petersburg Isaakskathedrale	Museum der russischen Geologie Gottes Tintenfass
Wien, Stephansdom	Steffl
Zürich, Enge	Sacré-Coeur von Zürich
Zürich, Grossmünster	Salz und Pfeffer (Türme)

Beim Bau der St. Isaakskathedrale in St. Petersburg wurden so viele Baustoffe eingesetzt, dass die Kirche den Beinamen ,*Museum der russischen Geologie*' bekam.

Liverpools New Cathedral wird von der Bevölkerung wegen ihres zeltförmigen Aussehens *Paddy's Wigwam* genannt (Paddy ist ein Spitzname für die als gute Kirchgänger bekannten katholischen Iren).

In Lyon erinnert die Basilika Notre-Dame auf dem Fourvière-Hügel über der Stadt mit ihren 4 stumpfen Türmen an einen *Elefanten, der auf dem Rücken liegt.*

In Zürich regen die beiden Türme des Grossmünsters den Volksmund zum Vergleich mit Salz- und Pfefferstreuern an. Victor Hugo nannte Notre Dame in Paris eine *Symphonie in Stein* und ein *gebautes Geschichtsbuch.*

3.4 Andere Kultstätten

Bauwerk	Beiname
Buddhismus	
Puoto Zong Chen Kloster (Tibet)	Little Potala
Palpung Gompa Kloster (Tibet)	Little Potala
Sumtseling-Kloster (Yunnan)	Little Potala
Wat Pa Maha Chedio Kaew Tempel (Thailand)	Tempel der Millionen Flaschen
Chengde (China), Puning-Tempel	Big Buddha Tempel
Kathmandu, Swayambunath-Tempel	Affentempel
Andere Religionen	
Bali, Goa Gajah Hindutempel	Elefantengrotte
Delhi, Bahai-Tempel	Lotustempel
Kairo, Moh. Ali Moschee	Alabastermoschee
Guangzhou, Huaishen-Moschee	Glatte Pagode
Istanbul, Sultan Ahmid Cami-Moschee	Blaue Moschee
Duisburg, Merkez-Moschee	Wunder von Marxloh

Für den tibetanischen Buddhismus ist der 1648-1695 errichtete Potala-Palast in Lhasa, bis 1959 offizielle Residenz des Dalai Lama, ein wichtiges Bezugsbauwerk. Buddhistische Klöster ähnlicher Lage und Anmutung werden deshalb öfters ‚kleiner Potala' genannt. Darunter ist mit dem Sumtseling-Kloster in der südchinesischen Provinz Yunnan sogar ein Gebäude außerhalb Tibets.
In Delhi erinnert die Architektur des Bahai-Tempels an das Opernhaus von Sydney, aber auch an eine Lotusblüte. Das Bauwerk wird deshalb Lotustempel genannt.

Obwohl es mittlerweile mehrere tausend davon gibt, haben Moscheen in Deutschland noch kaum Beinamen, denn oft handelt es sich um Hinterhofeinrichtungen. Eine Ausnahme ist die Merkez-Moschee in Duisburg, auch ‚Wunder von Marxloh' genannt.

4. Türme und Hochhäuser, spezielle Häuser

4.1 Fernsehtürme

Fernsehturm	Spitzname
Berlin (Ost)	Telespargel
Berlin (Funkturm)	Langer Lulatsch
Dortmund	Florian
Düsseldorf	(Rheinturm)
Frankfurt	Ginnheimer Spargel
Hamburg	Telemichel
Hannover (neuer Fernsehturm)	Telemax
Hannover (alter Fernmeldeturm)	Telemoritz
Köln	Colonius
München	(Olympiaturm)
Nürnberg	Nürnberger Ei
International	
Prag Zizkov	Bajkonur
Guangzhou	Super model
Fazilka	Fazilka-Eiffel

Der 368 m hohe Ostberliner Fernsehturm nahm am 3. Oktober (heute Nationalfeiertag) 1969 den Betrieb auf. 1964 beschloss der damalige SED-Chef Walter Ulbricht den Bau, um die Leistungsfähigkeit der DDR zu demonstrieren. Offiziell wurde der Spitzname ,Telespargel' kreiert. Die Bevölkerung sagte jedoch schlicht Fernsehturm. Wegen kreuzförmiger Lichtreflektionen auf den Blechprismen der Kugel wurde der Turm auch *St. Walter*, *,Rache des Papstes'* oder nach dem evangelischen Bischof Otto Dibelius *,Dibelius'Rache'* genannt. Manche sagten auch *,Kreuz des Ostens'*. Der Architekt soll wegen dieses Effekts von der Stasi verhört worden sein. Ein Regierungsmitglied meinte angeblich: ,Das ist kein Kreuz, sondern ein Plus für den Kommunismus'. Die Stasi soll angeblich versucht haben, mit Spiegeln vom Boden die Kreuzreflektion zu neutralisieren. Weitere

Spitznamen des Turms zu DDR-Zeiten waren *Ulbricht-Kathedrale*, *Protzkeule* und *Renommier-Pimmel*.

In Hannover gibt es gleich zwei Fernsehtürme. Der alte, 1959 errichtete Fernmeldeturm Hannovers wurde früher wegen seiner Form auch *Pusteblume* genannt. Nachdem 1989-1992 ein zweiter Fernmeldeturm mit quadratischem Schaft erbaut wurde, startete eine Hannoveraner Tageszeitung eine Umfrage, um einen Namen zu finden, mit dem die beiden Türme unterschieden werden konnten. Als Ergebnis wurde der neue Turm in Anlehnung an das Werk des niedersächsischen Schriftstellers Wilhelm Busch *Telemax* genannt, der alte Turm *Telemoritz*. Nachdem die Volkswagen AG den Turm im Jahr 2000 erworben und ein großes VW-Logo angebracht hat, wird er auch als *VW-Tower* bezeichnet.

Der Frankfurter Fernsehturm, offiziell Europaturm genannt, hat den Spitznamen *Ginnheimer Spargel*, was auch zu ‚Ginni‘ verkürzt wird. Dabei liegt er nicht im Stadtteil Ginnheim, sondern in Bockenheim.

In Hamburg ist die Hauptkirche St. Michaelis, *Michel* genannt, Maß aller Dinge. Der örtliche Fernsehturm hat deshalb den Spitznamen *Telemichel*.

In Nürnberg wurden bereits im 16. Jahrhundert ovale Taschenuhren produziert, *Nürnberger Ei* genannt. Wegen seines eiförmigen Turmkorbes wird der Nürnberger Fernsehturm ebenfalls *Nürnberger Ei* genannt.

Der Prager Fernsehturm hat mit seinen verschiedenen Schäften mit eingehängten Elementen eine besondere Form, die die Bevölkerung an eine Raketenabschussrampe erinnert. Er wird deshalb von der Bevölkerung *Bajkonur* genannt. Bajkonur ist der in Kasachstan gelegene russische Weltraumbahnhof. Der 1954-1955 erbaute Stuttgarter Fernsehturm, weltweit erster Stahlbetonfernsehturm, hat interessanterweise keinen Spitznamen.

4.2 Wassertürme

Wasserturm	Spitzname
Berlin, Prenzlauer Berg	Dicker Hermann
Bremen, Werder	Umgedrehte Kommode
Dortmund, Lanstrop	Lanstroper Ei
Hamburg, Lohbrügge	Sander Dickkopp
Juist	Doornkaatbuddel
Remscheid	Waterbölles
Mannheim-Seckenheim	Glatzkopp
Wittenberge	Uhrenturm
Wuppertal, am Pfaffenhaus	Atadösken
Nuth (Belgien), Schimmert	Riese von Schimmert
Ypsilanti, Michigan	Brick dick

In Bremen gibt es auf dem Werder einen Wasserturm, der mit den vier stumpfen Ecktürmchen wie ein auf dem Kopf stehendes Möbelteil erscheint. Er wird deshalb im Volksmund ‚*umgedrehte Kommode*' genannt.

In Wuppertal hat der städtische Wasserturm am Pfaffenhaus den Spitznamen *Atadösken* (ATA-Döschen). Der auf quadratischem Grundriss errichtete Turm wird so genannt, weil seine Form früher an die der Verpackung des Scheuerpulvers ATA der Düsseldorfer Firma Henkel erinnerte.

Auf der ostfriesischen Insel Juist hat ein Wasserturm die Form einer Schnapsflasche und wird von den Einheimischen deshalb *Doornkaatbuddel* genannt.

In Dortmund-Lanstrop wird ein Wasserturm wegen des eiförmigen Behälters *Lanstroper Ei* genannt. In Berlin gibt es zudem einen *Dicken Herrmann*, in Hamburg einen *Dickkopp*. In Remscheid steht der *Waterbölles* genannte Wasserturm mitten in der Stadt und ist so zu einem Symbol Remscheids geworden. So nennt sich denn auch eine Webseite zur Lokalpolitik der Stadt nach dem Spitznamen des Wasserturmes.

4.3 Hochhäuser Deutschland

Hochhaus	Spitzname
Frankfurt	
Dresdner Bank	Silver tower
Messeturm	Bleistift
Deutsche Bank (2 Türme)	Soll und Haben
Westhafen Tower	Das Gerippte Äppelwoi-Turm
Airrail Center (Flughafen)	Raumschiff
Übrige Städte	
Augsburg, Hotelturm	Maiskolben
Bonn, Abgeordnetenhochhaus	Langer Eugen
Düsseldorf, Thyssen-Haus	Dreischeibenhaus
Hagen, Bürohochhaus	Langer Oskar
Hannover, Nord LB-Hochhaus	Containerstapel
Jena, Jenoptik-Turm	Penis Jenensis Keksrolle
Leipzig, ehem. Unihochhaus	Weisheitszahn Steiler Zahn
München, BMW-Hochhaus	Vierzylinder
Saarbrücken, Kultusministerium	Schmales Handtuch

In Bonn gibt es am Rhein ein Hochhaus mit dem Spitznamen *Langer Eugen*. Als Bonn noch Regierungssitz war, beherbergte es Abgeordnetenbüros. Benannt wurde das nach Plänen Egon Eiermanns erbaute, 117 m hohe Bürogebäude nach Eugen Gerstenmeier (1906-1986), von 1954-1969 Bundestagspräsident. Gerstenmeier war von eher kleiner Körpergröße.

In Hagen gab es bis zum Jahr 2004 ein 98 m hohes Sparkassengebäude mit dem Spitznamen *Langer Oskar*. Benannt wurde es vermutlich nach dem damaligen Sparkassendirektor Oskar Specht. Durch Undichtigkeiten in der Fassade drang Wasser ein und der Sanierungsaufwand wäre höher gewesen, als Abbruch und Neubau. Deshalb entschloss man sich für eine Sprengung des ‚langen Oskar' - die bisher größte eines Hochhauses in Europa.

Die 155 m hohen Doppeltürme der Deutschen Bank in Frankfurt, ursprünglich als Hyatt-Hotel geplant, aber noch während des Baus von der Bank übernommen, werden vom Volksmund als ‚Soll und Haben' bezeichnet. Der Messeturm in Frankfurt gilt wegen seiner Form als *Bleistift*, der an ein Apfelweinglas erinnernde Büroturm am Westhafen wird dagegen *das Gerippte* bzw. *Äppelwoi-Turm* genannt.

Wegen seiner Fassade gilt das ehemalige Dresdner-Bank Hochhaus als *Silver Tower*. Eher ein Langhaus als ein Hochhaus ist das Airrail Center am Frankfurter Flughafen, das wegen seiner Form auch Ufo genannt wird.

In Augsburg gibt es am Bahnhof einen Wohn- und Hotelturm, dessen Architektur von den Marina-Towers in Chicago inspiriert wurde. Die Marina-Towers erinnern, passend zum Maisgürtel des US-Mittelwestens, an Maiskolben. Entsprechend wird auch der Augsburger Turm als *Maiskolben* bezeichnet.

Der Jenoptik-Turm in Jena hat zwei Spitznamen: *Penis Jenensis* und *Keksrolle*.

Das ehemals von der Uni genutzte Hochhaus in Leipzig, hat die Form eines aufgeschlagenen Buches. Interpretiert wird es jedoch als *Weisheitszahn*, bzw. als *steiler Zahn* (früher auch als *Professorenabschussrampe*).

In Düsseldorf wird das Thyssen-Haus auch *Dreischeibenhaus* genannt. Weil es einst vom Wirtschaftswunderunternehmer Fritz Aurel Goergen als Sitz seiner Phoenix *Rheinrohr Vereinigte Hütten und Röhrenwerke* initiiert wurde, hatte es einst auch den Spitznamen *Prinz Aurels Pyramide*.

4.4 Hochhäuser- Europa

Hochhaus	Spitzname
Niederlande	
Amsterdam, Elseviergebäude	Das Buch
Amsterdam, Calandtoren	Fliegenklatsche
Den Haag, Castalia	Titten von Den Haag
Den Haag, Hoftoren	Füllfederhalter
Den Haag, ING Gebäude	Silberturm
Den Haag, Kavel 24	Flipperkasten
Den Haag, Witte Anna	Küchenrolle
Den Haag, Zurichtoren	Zitronenpresse
Rotterdam, Blaakturm	Bleistift
Rotterdam, Coolse Port	Aubergine
Rotterdam, de Hoge Heren	Särge
Rotterdam, Europoint	Neuropoint
Rotterdam, Weenaturm	Pfeffermühle
Rotterdam, World Port Center	Periskop
Rotterdam, WTC-Gebäude	Puderdose
Andere Länder	
Antwerpen, KBC-Turm	Bauernturm
Barcelona, Torre Agbar	Das Zäpfchen, Kapsel, Granate
Göteborg, Utkiken	Lippenstift
Göteborg, Skanska-Turm	Turm zu Babel
Göteborg, Hotel Gothia	Großes und kleines Glas
Lille, Bahnhofshochhaus	Skistiefel
London, Swiss Re	(erotic) Gherkin
London, Leadenhall Street	Cheesegrater
London, St. Mary´s Axe	Can of Ham
London, The Pinnacle	Helter-skelter
Lyon, Tour Crédit Lyonnais	Crayon (Bleistift)
Madrid, Torre de Madrid	Giraffe
Mailand, Pirelli Hochhaus	Pirellone
Mailand, Torre Velasca	Wolkenkratzer m. Hosenträgern
Moskau, Stalin-Hochhäuser	Sieben Schwestern
Moskau, neue Hochhäuser	Stalin's achte Schwester
Paris, Pyramidenturm (Projekt)	Delanoe-Turm
Rijeka, Innenstadthochhaus	Kommode

Wegen seiner phallischen Form gilt das Swiss Re Hochhaus in London as *erotic gherkin* (erotische Gurke). Ebenso sinnenfreudig interpretiert wird das Castalia-Hochhaus in Den Haag, das wegen seiner spitzen Giebel als *Titten von Den Haag* bezeichnet wird. In Mailand wird der in den 1950ern erbaute Torre Velasca wegen der schräg verlaufenden Betonstützen, die eine Auskragung statisch absichern, auch *Wolkenkratzer mit Hosenträgern* genannt. In Lille erinnert ein Hochhaus am Bahnhof wegen seiner L-Form an einen *Skistiefel*. In Lyon gibt es ein Hochhaus, das wegen seiner Form *Bleistift* genannt wird.

In Moskau haben die unter Stalin gebauten sieben Zuckerbäckerhochhäuser auch den Spitznamen *Stalin's Sieben Schwestern*. Neue Hochhausneubauten, wie etwa das in ähnlichem Stil errichtete Wohnhochhaus Triumph-Palast, werden heute auch *Stalin's Achte Schwester* genannt. Der im Stile der ‚Sieben Schwestern‘ von den Sowjets errichtete Kulturpalast in Warschau wird von den Polen auch *Stalins Stachel, Spritze* oder *Stalins Hochzeitstorte* genannt. In Riga wird ein ähnliches, aber ein wenig kleineres Hochhaus (Sitz der Wissenschaftsakademie) *als Stalins Geburtstagstorte* bezeichnet.

Das im Zweiten Weltkrieg völlig zerstörte Rotterdam setzt auf moderne Architektur. Hier haben neue Hochhäuser Beinamen wie *Bleistift, Pfeffermühle, Periskop* oder *Puderdose*.

In London sind neben der erotische Gurke (*erotic gherkin*) weitere spektakuläre Türme geplant bzw. bereits im Bau, so ein *Shard* (Glasscherbe) genannter Turm, der eine Höhe von 310 Metern erreichen soll, und ein 160 m hohes W*alkie Talkie* sowie mit London Strata ein *Razor* (Rasierapparat) und ein *can of ham* (Foggo tower).

4.5 Hochhäuser - USA

Hochhaus	Spitzname
New York	
Condé Nast Building	Green Giant
Empire State Building	Empty State Building
Freedom Tower, letztes Design	Hypodermic Needle Pataki's Pit
53rd at Third	Lipstick Building
Flatiron Building	Burnham's Folly
Woolworth Building	Cathedral of Commerce
Herring Lock and Safe Company Building	Little Flat Iron
Sony Building	Chippendale Building
Two Columbus Circle	Lollypop building
United Nations Building	Glass Zoo
420 West, 42nd Street	Zebra
Williamsburg Bank Building	Big Willy Tooth tower
Andere US-Städte	
Boston, John Hancock Tower	Plywood Ranch
Chicago, Hancock Building	Big John
Chicago, Standard Oil Building	Big Stan

Nach der Eröffnung des New Yorker Empire State Building am 1. Mai 1931 war die Weltwirtschaftskrise noch nicht überwunden und es standen lange noch viele Büros leer. Man sprach deshalb damals vom *Empty State Building*.

Auch mit dem John Hancock-Appartement-Turm in Boston gab es anfangs Probleme. Etliche Fenster hielten dem Winddruck nicht stand und krachten auf die Bürgersteige. Provisorisch mussten Sperrholzplatten (plywood) eingesetzt werden, die dem Gebäude zum Beinamen *Plywood Ranch* verhalfen.

4.6 Hochhäuser - Welt

Hochhaus	Spitzname
Astana, Ministerium f. Transport u. Telekommunikation	Feuerzeug
Bangkok, Bank of Asia	Robot Building
Riyadh, Kingdom Center	Flaschenöffner
Peking, CCTV-Hochhaus	Große Unterhosen
Shanghai, Financial Center	Flaschenöffner

In Shanghai sollte der im August 2008 eröffnete 492 Meter hohe *World Financial Center*-Wolkenkratzer ursprünglich unter seiner Spitze eine kreisrunde Öffnung haben. Das erinnerte die Chinesen aber zu sehr an das nationale Symbol der Japaner. So beschloss man, stattdessen eine rechteckige Öffnung zu bauen. Allerdings sieht der Wolkenkratzer jetzt wie ein riesiger *Flaschenöffner* aus und hat deshalb einen entsprechenden Spitznamen bekommen.

Ein weiterer ‚Flaschenöffner‘ steht mit dem Kingdom Center in der saudischen Hauptstadt Riyadh.

In der kasachischen Hauptstadt Astana wird das Hochhaus des Ministeriums für Transport und Telekommunikation mit einem Feuerzeug verglichen. Im Mai 2006 züngelten aus diesem Feuerzeug aufgrund eines Brandes tatsächlich echte Flammen. Der an das Gebäude anschließende Halbkreis der Energiekonzerne wird auch *Aschenbecher* genannt.

In Bangkok ist dem Architekten Sumet Jumsai mit dem *Robot Building,* Sitz der Bank of Asia, eine lustig aussehende Landmarke gelungen. Das Gebäude erinnert mit seiner Kubatur und seinen zwei Augen an einen freundlichen Roboter und wird deshalb auch offiziell *Robot Building* genannt.

4.7 Büro- und Geschäftsgebäude

Gebäude	Spitzname
Bissendorf, Wohn- und Geschäftshaus Innenstadt	Kolosseum
Dresden, Altmarkt 10	Legohaus
Duisburg, Klöckner-Holding	Silberburg
Duisburg, Haus Ruhrort	Tausendfensterhaus
Ettlingen, Bürogebäude am Ortseingang	Aquarium, Glaspalast
Köln, neuer Konzernsitz von Dumont	Alfreds Glasladen
Leipzig, Glöcks-Haus	Chinchilla-Haus
Helsinki, Geschäftsgebäude gegenüber Bahnhof	Wurstgebäude (Sausage building)
Prag, Gehry-Bürogebäude 'Tanzendes Haus'	Ginger und Fred (oder Fred und Ginger)
Osaka, Gate tower building	Bienenstock

In Prag hat ein beschwingtes kleines Bürogebäude von
Frank Gehry, das offiziell ,tanzendes Haus' genannt
wird, den Beinamen ,Ginger und Fred'. In Dresden
wurde am Altmarkt ein Geschäftshaus in so grobkantiger
Investorenarchitektur ausgeführt, dass es aus Legosteinen
erbaut scheint und einen entsprechenden Beinamen trägt.
In Leipzig saß im Glöcks-Haus einst ein Pelzhändler. Das
Gebäude hieß deshalb früher Chinchilla-Haus. In Duisburg hat ein 1925 erbautes Geschäftsgebäude im Stadtteil
Ruhrort so viele Fassadenöffnungen, dass es Tausendfen-
sterhaus genannt wird.

4.8 Spezielle Häuser

Gebäude	Spitzname
Bonn, Orth-Haus	Blaues Haus
Murnau, Gabriele Münter Haus	Russenhaus
Oldenburg, giebelständige Häuser der Innenstadt	Hundehütten
Oskar Lafontaines Villa in Oberlimbach	Palast der sozialen Gerechtigkeit
Wiesbaden, Söhnlein-Villa	Weißes Haus
St. Moritz, Chesa Futura	Kartoffel
Barcelona, Casa Mila (Gaudi-Bau)	Steinbruch (La Pedrera)
Barcelona, Casa Batllo(Gaudi)	Haus der Knochen
Barcelona, Gaudi-Torhäuser im Güell-Park	Hänsel und Gretel
Ljubljana, Condominium Trnovski Prista	Salamander-Haus
Sydney, Apartmentgebäude Circular Quay	Toaster

Als Oskar Lafontaine, Vorsitzender der Partei *Die Linke*, am Ortsrand des saarländischen Dorfes Oberlimbach eine Villa errichten ließ, wurde diese im Volksmund bald ‚*Palast der sozialen Gerechtigkeit*' genannt. Noch repräsentativer ist die ehemalige Villa des Sektfabrikanten Söhnlein in Wiesbaden, auch ‚Weißes Haus' genannt.
In St. Moritz wird das neue Apartmenthaus *Chesa Futura* wegen seiner Farbe und Form auch *Kartoffel* genannt.
Eine auffallende Form hat auch das Stadthaus Casa Mila, welches der spanische Architekt Antonio Gaudi (1852-1926) in Barcelona errichten ließ. Es wird wegen seiner jugendstilbeschwingten Fassade auch Pedrera, Steinbruch also, genannt.

5. Staat und Regierung

5.1 Rathäuser in Deutschland

Rathaus	Beiname
Berlin Rathaus	Rosarotes Rathaus
Bensberg	Affenfelsen
Dortmund	Bierkiste
Hannover, Altes Rathaus	Dogenpalast
Leverkusen (Rathausgalerie)	Ufo
Mainz	Fuchsbau, Beamtengefängnis
Münster	Geburtsstätte der modernen Niederlande
Frankfurt, Histor. Rathaus	Römer
Frankfurt, Techn. Rathaus (abgerissen)	Elefantenfuß Betonklotz
Wilhelmshaven	Burg am Meer

Das 1861-1869 erbaute Berliner Rathaus wird wegen seiner roten Ziegelsteinfassade (und nicht aus politischen Gründen) Rotes Rathaus genannt. Seit Klaus Wowereit (,*Ich bin schwul, und das ist gut so*') Bürgermeister ist, hat es auch den Spitznamen ,*Rosarotes Rathaus*'.

Das 1964-1969 nach Plänen des Architekten Gottfried Böhm (*1920) erbaute Bensberger Rathaus zeichnet sich durch eine Kombination von Glas und Sichtbeton aus. Vor allem sein exzentrischer Betonturm polarisierte. Der Kunsthistoriker Jürgen Paul sah ihn laut Wikipedia als '*kristallinisch gefrorenen Barock, in dem die hochgespannten Visionen des Expressionismus wiederauferstehen*'. Der Kölner Stadtanzeiger nannte das Rathaus ,*Bensberger Akropolis*'. Die Hongkonger *China Mail* nannte den Bau prosaisch *Zementburg*. Der aus der Stadt stammende damalige Bundesinnenminister Paul Lücke nannte ihn *Beamentenbunker*. Bei der örtlichen Bevölkerung hat sich bis heute jedoch ein anderer Spitzname durchgesetzt. Die Bensberger sagen zum Rathaus (bzw. zu dessen Turm) *Affenfelsen*. Die Architektur des Technischen Rathauses in Frankfurt (zwei kleine Bürotürme) wird als *Elefantenfuß* und *Betonklotz* beschrieben. Mittlerweile haben Abrissarbeiten begonnen, damit hier ein Teil der im 2. Weltkrieg völlig zerstörten Altstadt wiederentstehen kann. Der alte Frankfurter Rathauskomplex wird nach seinem mittleren ‚*Haus zum Römer*' im Volksmund Römer genannt.

Das Mainzer Rathaus wird von den Einheimischen nach dem Initiator und langjährigen Mainzer Bürgermeister Jockel Fuchs (1919-2002) auch *Fuchsbau* genannt. Ein anderer Beiname für das Gebäude mit seinen vergitterten Fenstern ist ‚*Beamtengefängnis*'.

In der Bierstadt Dortmund erinnert die Einheimischen das 1989 erbaute neue Rathaus an eine *Bierkiste*. Nach dem damaligen Stadtchef Günther Samtlebe, 1973-1999 Oberbürgermeister Dortmunds, wurde es damals auch ‚*Günthers Bierkiste*' genannt.

Weil in Münsters Rathaus 1648 der Westfälische Friede besiegelt und die Loslösung der Niederlande vom Reich bestätigt wurde, gilt es als *Geburtsstätte der modernen Niederlande*. Die Niederlande gelten wiederum als *Geburtsort der modernen Demokratie*.

Gummersbach hat ein 1983 erbautes und damit modernes Rathaus. Mit einem Glockenspiel über dem Haupteingang wollte man einen besonderen Akzent setzen. Dieses Glockenspiel wird im Volksmund heute *Beamtenwecker* genannt.

5.2 Rathäuser international

Rathaus	Beiname
Den Haag, Stadthaus	Eispalast
Godalming, Rathaus	Pfeffertopf
Kaunas, Altes Rathaus	Weißer Schwan
London City Hall	Glass testicle, Leaning tower of pizzas
Sheffield, Rathausanbau	Eierkiste
Stockport, Rathaus	Wedding Cake
Sydney, Rathaus	Wedding Cake
Tblisi, Rathaus	Reichstag
Toronto City Hall	Eye of Government

Die Architektur der 2002 erbauten London City Hall, Sitz der Greater London Authority, wird unterschiedlich interpretiert. Der Erstbezieher, der ehemalige Bürgermeister Ken Livingston, nannte das Gebäude *glass testicles* (Glashoden). Andere sahen sich an den Helm von Darth Vader (Star Wars) oder an einen *Schiefen Turm von Pizzaschachteln* erinnert.

In Sheffield wurde im Jahre 1977 das neohistorische Rathaus aus dem 19. Jahrhundert durch einen modernen Anbau erweitert. Dieser war von Anfang an unbeliebt. 2002 wurde dieser *Eierkiste* genannte Bau abgerissen.

Im englischsprachigen Raum werden pompöse Gebäude in eklektizistischem Stil oft *Wedding Cake* genannt, so die Rathäuser von Sydney und Stockport in England.

Aus der Luft sehen die beiden gebogenen Hochhausscheiben des Rathauskomplexes von Toronto mit der runden Struktur dazwischen aus wie ein Auge. Die Toronto City Hall wird deshalb *'eye of government'* genannt.

Im georgischen Tiflis wurde das Rathaus von deutschen Strafgefangenen des Zweiten Weltkriegs erbaut. Weil es mit einer gläsernen Kuppel versehen wurde, bekam es den Spitznamen *Reichstag*.

5.3 Parlamentsgebäude

Gebäude	Beiname
Erfurt, Landtag	Eierkiste
Potsdam, Landtag	Kreml
Brüssel, Europaparlament	Caprice des Dieux (Laune der Götter)
Bern, Parlament	Ochseschüur (Ochsenstall)
Wellington	Bienenstock (beehive)
Vaduz	Grosses Haus
Ottawa, Parlament	Westminster der Wildnis
Brasilia, Kongressgebäude	Pudding und Suppe

Das 1951 erbaute Hochhaus des Thüringer Landtags wird wegen seiner Anmutung, was seine graue Eierschachtelfarbe einschließt, im Volksmund *Eierkiste* genannt.

Das Landesparlament Brandenburgs tagt in der 1902 errichteten Reichskriegsschule auf dem Brauhausberg. Zu DDR-Zeiten fungierte das Gebäude als Parteihaus der SED. Seither hat es den Spitznamen *Kreml*. 2012 soll das Brandenburger Parlament in das bis dahin wieder aufgebaute Stadtschloss umziehen.

Weil das halbkreisförmige Dach an die Schachtel der französischen Weichkäsemarke *'Caprice des Dieux'* (Laune der Götter) erinnert, hat das Gebäude des Europaparlaments in Brüssel einen entsprechenden Spitznamen.

Freisinnige Schweizer, die aller Zentralmacht skeptisch gegenüberstehen, nennen ihr Parlamentsgebäude in Bern *Ochseschüur* (Ochsenstall). Weil von den tiefer gelegenen Stadtteilen eine Standseilbahn zu ihm hinaufführt, nennen es manche auch spöttisch *,Bergstation der Standseilbahn'*. Der Vaduzer Landtag ist nach der Zahl der Volksvertreter sehr klein. Das Regierungsgebäude, in welchem er sitzt, ist aber für örtliche Verhältnisse relativ groß, es wird *großes Haus* genannt. Ein Neubau nimmt dieses Motiv auf, in dem er die Kubatur eines kleinen Häuschens ins Riesige verzerrt.

5.4 Regierungsgebäude, Ministerien

Gebäude	Beiname
Berlin, Bundeskanzleramt	Waschmaschine Kohlosseum Rentenloch
Berlin, Verbraucherschutzministerium	Aigner Nordwand
Ahrweiler, Regierungsbunker	Gasthaus zum letzten Stündchen
Lindewitt, Regierungsbunker Schleswig-Holstein	Ludwig
Brüssel, Kommissionsgebäude	Berlaymonstre
Semi-offizielle Bezeichnungen für den Amtssitz	
Argentinien, Präsident	Casa Rosada
Korea, Präsidentenpalast	Blue House
Chile, Präsidentenpalast	La Moneda
Spanien, Premierminister	Moncloa
UK, Premierminister	Downing Street 10
Venezuela, Präsident	Miraflores

In Berlin hat das Bundeskanzleramt mehrere Beinamen, darunter *Waschmaschine* als der bekannteste. Ein neuerer Beiname ist *Aigner Nordwand* für das wuchtige Verbraucherschutzministerium (Ministerin: Ilse Aigner).
Ein Ministerium, welches es glücklicherweise heute nicht mehr gibt, ist das DDR-Ministerium für Staatssicherheit früher auch ‚*VEB Horch und Guck*‘ genannt.
In Brüssel wird das Berlaymont, der Hauptsitz der EU-Kommission, auch *Berlaymonstre* genannt.
Manchmal haben sogar Regierungsbunker Beinamen. Der atombombensichere Regierungsbunker in Ahrweiler bei Bonn wurde im Volksmund *Gasthaus zum letzten Stündchen* genannt. Der Bunker der schleswig-holsteinischen Regierung hieß dagegen *Ludwig*.

5.5 Justizvollzugsanstalten

Deutschland

Justizvollzugsanstalt	Spitzname
Bamberg	Café Sandbad
Bautzen	Gelbes Elend
Bochum	Krümmede, Stäbchenhotel
Bruchsal	Café Achteck
Dortmund	Lübecker Hof
Düsseldorf-Derendorf	Ulmer Höh
Freiburg	Café Fünfeck
Gelsenkirchen Munckelstr.	Schloss Munckel
Halle (Saale)	Roter Ochse
Hamburg-Fuhlsbüttel	Santa Fu
Hannover Hainholz	Hotel zur Kugel
Köln-Kalk	Kalk-Atraz
Köln-Ossendorf	Klingelpütz
Mannheim	Café Landes
Saarbrücken	Lerchesflur
Suhl-Goldlauter	Hotel Waldblick
Zwickau	Hotel am Schwanteich

Viele deutsche Gefängnisse (amtsdeutsch: Justizvollzugsanstalten) haben Volksmund-Beinamen. Am bekanntesten ist der Spitzname *Santa Fu* für die JVA Fuhlsbüttel (nach Änderungen der Stadtviertelgrenzen liegt die Haftanstalt heute übrigens in Ohlsdorf und nicht mehr in Fuhlsbüttel). Die Anstalt in Köln-Kalk hat, inspiriert von der Gefängnisinsel Alcatraz bei San Francisco, den Beinamen *Kalk-Atraz*. Das Zuchthaus in Bautzen hatte zu DDR-Zeiten wegen seiner gelben Fließenfassade den Beinamen ‚*Gelbes Elend*'. In München wird die JVA Stadelheim zu *St. Adelheim* verballhornt. Manche JVAs liegen idyllisch, so diejenige in Suhl-Goldlauter (‚Hotel Waldblick') oder Zwickau (‚Hotel am Schwanteich').
In Wuppertal gab es einst eine *Bad Bendahlo* genannte Vollzugsanstalt.

International
International ist dagegen die ironische Bezeichnung
'Hilton' häufiger.

Justizvollzugsanstalt	Spitzname
Innsbruck	Zieglstadl
Salzburg, Schanzlgasse	Schanzlalm
Wien Josefstadt	Das graue Haus
Zürich, Pöschwies	Wehntaler Riviera Pöschloch
Breda	Kuppel
Lelystad	Big Brother Container
Bangkok, Bangkwang	Bangkok Hilton
Hanoi, Hoa Lo	Hanoi Hilton
Johannesburg Central Prison	Sun City

Im Vietnamkrieg war das Hoa Lo-Gefängnis in Hanoi bei
amerikanischen Soldaten als 'Hanoi Hilton' berüchtigt.
Von 1967-1973 saß der spätere amerikanische Präsident-
schaftskandidat John McCain als Kriegsgefangener im
Hanoi Hilton ein. Im Jahr 1989 kam eine australische
Kurz-Serie mit dem Titel *Bangkok Hilton* heraus. Dabei
geht es um ein fiktives Frauengefängnis in Bangkok, in
welches die Protagonistin Katrina (Nicole Kidman)
wegen Drogen, welche man im Flughafen in ihrem
Gepäck findet, eingebuchtet wird. Seit dieser Serie
werden von westlichen Medien gelegentlich Gefängnisse
in Bangkok als Bangkok Hilton bezeichnet. Angeblich
hat sich dieser Spitzname auch für das Bangkwang-
Männergefängnis in Bangkok etabliert. Das Zentral-
gefängnis von Johannesburg wird ironisch nach einem
Touristen-Luxusresort in Südafrika *Sun City* genannt. In
Wien-Josefstadt wird die JVA nicht nur wegen ihrer
Fassade *'Graues Haus'* genannt, sondern auch weil
Häftlinge früher grau eingekleidet waren.

5.6 Gerichtsgebäude

Gerichtsgebäude	Spitzname
Amsterdam Osdorp	Bunker
Antwerpen, Justizpalast	Schmetterlingspalast
Landgericht Berlin	Villa Kunterbunt (früher)
Schleswig, Landessozialgericht	Roter Elefant
Wien, Straflandesgericht	Graues Haus
Lyon, Justizpalast	Les 24 colonnes (die 24 Säulen)
Brüssel, Justizpalast	Le Mammouth (Mammut)
Rom, Justizpalast	Palazzaccio, Hässlicher großer Palast

Spitznamen von Gerichtsgebäuden beziehen sich gelegentlich auf deren Farbe. So wurde das Landgericht Berlin früher Villa Kunterbunt genannt, das Straflandesgericht in Wien Graues Haus, während das Landessozialgericht in Schleswig wegen seiner Farbe (und Größe) Roter Elefant genannt wird. Beinamen, die sich aus der Gebäudeanmutung ergeben, sind *Bunker* für eine Gerichtsgebäude in Amsterdam Osdorp, *Schmetterlingspalast* für den neuen Justizpalast Antwerpens (mit seinen flügelartigen Architekturelementen) 24 Säulen für den Justizpalast in Lyon und *Mammut* für den riesigen Justizpalast von Brüssel. Der 1883 eröffnete Brüsseler Justizpalast trägt seinen Beinamen, weil er riesenhaft über der Stadt thront. Für einige Jahre war er das größte Gebäude der Welt und noch heute ist er mit einer Fläche von über 50 000 m^2 das größte Justizgebäude der Welt. Seine Fassade erodiert durch Wind und Wetter, so muss permanent an ihr geflickt werden und das Gebäude ist fast nie ohne Baugerüste zu sehen. Groß ist auch der Justizpalast Roms, der beinamenmäßig zudem mit dem Attribut hässlich belegt wird.

6. Kunst und Kultur

6.1 Stadthallen

Gebäude	Beiname
Stadthallen	
Bonn, alte Stadthalle	Bierkirche
Göttingen	Kachelofen
Mettmann	Laubfroschoper
Salzkotten	Zeltersatzbau
Zwickau	Fischdose
Theater	
Berlin-Karlshorst, Theater	Russen-Oper
Ingolstadt	Öloper
Chicago Theatre	Wonder Theatre of the world

In Göttingen wurde im September 1964 eine neue Stadthalle in moderner Architektursprache in Betrieb genommen. Die ungewohnte Fassadengestaltung mit violetter Keramik gefiel nicht jedem und führte zum heute noch gebrauchten Beinamen *Kachelofen*.

Der 1902 eingeweihte rote Ziegelbau der alten Bonner Stadthalle in der Gronau erinnert ein bisschen an einen Kirchenbau, bei dem der Turm fehlt. Vielleicht war dies der Grund, weshalb sie selbst Kaiser Wilhelm II. als *Bierkirche* bezeichnete. Ihre runde, flache Form verhalf der Stadthalle von Zwickau zum Beinamen *Fischdose*. Die Architektur der Stadthalle von Salzkotten hat etwas Leichtes, aber auch etwas Provisorisches. Daran liegt es wohl, dass sie auch *Zeltersatzbau* genannt wird. In Ingolstadt hat der Spitzname des Stadttheaters nichts mit seinem Aussehen zu tun. Grund, warum es *Öloper* genannt wird (bzw. wurde), war vielmehr die Finanzierung durch Steuergelder der in Ingolstadt ansässigen Raffinerien. In Berlin-Karlshorst heißt das örtliche Theater *Russen-Oper*, weil es 1948/49 als 'Haus der Offiziere' in stalinistischem Stil als Kulturstätte für die sowjetische Militäradministration errichtet wurde.

6.2 Kultur- und Republikpaläste

Gebäude	Beiname
Berlin, Palast der Republik	Erichs Lampenladen Palazzo Prozzo Ballast der Republik
Dresden, Kulturpalast	Kulti
Neubrandenburg, Haus der Kultur und Bildung	Kulturfinger
Prag	Weißer Wal
Warschau, Kultur- und Wissenschaftspalast	Rakete, Stalinstachel Stalins Hochzeitstorte Zuckerpalast
Minsk, Palast der Republik	Sarkophag
Le Havre, Kulturzentrum Espace Niemeyer (Volcan)	Joghurtbecher

Der 1976 eröffnete Berliner Palast der Republik war Heimstätte der Volkskammer der DDR, wurde aber auch als Kulturhaus genutzt. Wegen der vielen Deckenleuchten im Foyer wurde der Palast auch *Erichs Lampenladen* genannt (dabei ist laut Wikipedia nicht klar, ob diese Bezeichnung auf Ostberliner Volksmund oder Westberliner Boulevard zurückging). Ein anderer Beiname war Palazzo Prozzo. Manche sprachen das P auch sächsisch weich als *Ballast der Republik* aus.

Wegen seiner Asbestbelastung nannte ein Dokumentarfilm des Jahres 2006 das Gebäude *Altlastpalast*.

Das stalinistische Hochhaus des Kultur- und Wissenschaftspalastes in Warschau hat viele Beinamen. Es wurde von den Polen bereits als *Zuckerpalast*, als *Stalins Hochzeitstorte*, *Rakete*, *Stalinstachel, Spritze* und als *Elefant in Spitzenhöschen* bezeichnet.

In Prag wurde der örtliche Kulturpalast wegen seiner Farbe und Form dagegen *Weißer Wal* genannt. In Minsk erinnert der Palast der Republik die Bevölkerung an einen Sarkophag.

6.3 Kongresszentren

Gebäude	Beiname
Darmstadt, Darmstadium	Schepp Schachtel (schiefe Schachtel)
Berlin, ICC	Raumschiff Panzerkreuzer Protzki
Hamburg, Kongresszentrum	Polizeihochhaus
Glasgow, Scottish Exhibition and Conference Centre, Clyde Auditorium	Armadillo (Gürteltier)

Die Wissenschaftsstadt Darmstadt ist die einzige Stadt Deutschlands, nach welcher ein chemisches Element benannt wurde. Zu Ehren der Darmstädter Gesellschaft für Schwerionenforschung, welche 6 neue Elemente entdeckt hat, wurde das Element mit der Ordnungszahl 110, erst Ununnilium genannt, am 2. Dezember 2003 in Darmstadtium umbenannt. Im Dezember 2007 wurde in der Stadt dann ein ebenfalls Darmstadtium genanntes Kongresszentrum eröffnet. Das vom Wiener Architekt Talik Chalabi entworfene Gebäude mit seinen schiefen Fassaden wird vom örtlichen Volksmund ‚schepp Schachtel' (schiefe Schachtel) genannt. Auch finanziell geriet es etwas in eine Schieflage. Wegen seiner Bau- und Folgekosten ist das Kongreßzentrum, dessen Betrieb anfallende Kosten nicht deckt, in Darmstadt ein wenig umstritten. Kritisch gesehen wird heute auch das Berliner ICC (Internationales Congress Centrum), auch *Raumschiff* oder *Panzerkreuzer Protzki* genannt. Wegen der eigentümlichen Statik und der nahen Straßen und Bahnlinien ist ein Abriss jedoch gefährlich. Deshalb beschloss der Berliner Senat eine Sanierung.

Positiv gesehen wird (zumindest von den Schotten) dagegen das Scottish Exhibition and Conference Centre in Glasgow, dessen Clyde-Auditorium wegen seiner Form auch *Armadillo* (Gürteltier) genannt wird.

6.4 Kunst- und Ausstellungshallen

Kunstmuseen, Kunsthallen	Beiname
Bielefeld, Kunsthalle	Elefantenklo
Dresden, Residenz, Grünes Gewölbe	Sächsischer Louvre
Essen, Folkwang	Schönstes Museum der Welt
Frankfurt, Schirn	Bundeskegelbahn
Frankfurt, Mus. für Moderne Kunst	Tortenstück
Amsterdam, Rijksmuseum	Schatzkammer der Niederlande
Bilbao, Guggenheim-Museum	Hundehütte
Cambridge, Museum of Classical Archaeology	The Ark
Cardiff, Wels Millenium Centre	Gürteltier
Graz, Kunsthaus	Blaue Blase
Helsinki, Kiasma	Wal, Kürbis, U-Boot
Metz, Centre Pompidou	Schlumpfhut Iglu, Yurte
Paris, Musée du quai Branly	MQB
Paris, Centre Pompidou	Ölraffinerie
Paris, l'Orangerie	Sixtinische Kapelle des Impressionismus
St. Petersburg, Eremitage	Louvre des Ostens
Taipeh, Nationales Palastmuseum	Louvre des Ostens
Wien, Secessionsgebäude, goldfarbene Kuppel	Krauthappel
Philadelphia Museum of Art	Parthenon on the Parkway
Abu Dhabi-Louvre	Wüsten-Louvre

Frankfurt versucht seit den 1980er Jahren mit Aufsehen erregenden Museumsbauten als Kulturstadt zu trumpfen. 1986 wurde die Kunsthalle Schirn eröffnet. Zwischen Kaiserdom und Römerberg eingezwängt, wurde eine 140 Meter lange und nur 10 Meter breite Halle errichtet.

Diese Dimensionen verliehen dem langgestreckten schmalen Bau den Spitznamen *Bundeskegelbahn*. Das 1991 eröffnete Frankfurter Museum für Moderne Kunst musste dagegen ein dreieckiges Grundstück nutzen. Die entsprechende Gebäudeform verlieh dem Museum den Beinamen '*Tortenstück*'.

International gilt der Pariser Louvre als das Maß aller Dinge bei den Kunstmuseen. Der im reichen Abu Dhabi geplante Ableger wird bereits *Wüsten-Louvre* genannt. Die Eremitage in St. Petersburg und das Nationalmuseum in Taipeh (Taiwan) gelten jeweils als *Louvre des Ostens*.

Andere Museen	
Berlin, Jüdisches Museum	Blitz
Bremen, Werder Bremen-Mus.	Wuseum
Essen, Ruhrlandmuseum	Gedächtnis d. Ruhrgebiets
Marbach, Literaturmuseum	Schwäbische Akropolis
München, BMW-Museum	Salatschüssel, Weißwurstkessel
Baden (Schweiz), Landvogtei-schloss, Museums-Erweiterung	Melonenschnitz
Houston, Art Car Museum	Garage Mahal
Washington, Smithsonian	Nation's attic Dachboden der Nation
Polson (Montana), Miracle of America museum	Smithsonian of the West
Seattle, Rock-Museum	Disneyland des Rock

Das Jüdische Museum in Berlin hat seinen Beinamen *Blitz* ebenfalls seiner Form zu verdanken, während es in Bielefeld die plumpe Anmutung ist, die der Kunsthalle zum Spitznamen *Elefantenklo* verholfen hat. In Houston wird ein Museum zum Auto als Kunstwerk im Volksmund *Garage Mahal* genannt. Washingtons Smithsonian wird wegen seiner umfangreichen naturkundlich-technischen Sammlungen Dachboden (bzw. Rumpel-kammer) der Nation genannt.

6.5 Opernhäuser, Philharmonien

Gebäude	Beiname
Berlin, Deutsche Oper, Neubau	Sing-Sing
Dresden, Semper-Oper	Radeberger Brauerei
Görlitz, Theater	Kleine Semperoper
Essen, Oper	Das Aalto
Erl, Festspielhaus	Operntarnkappenbomber
Amsterdam, Muziektheater	Stopera
Göteborg, Oper	Sing-Sing
Stettin, Philharmonie	Eisberg
Zürich, Opernhaus-Anbau	Fleischkäse
Tacoma, Oper	Faustspielhaus
New York, Radio City Music Hall	Showplace of the Nation
Peking, Oper	Das Ei, Riesenei
Seoul, Oper	Großer Hut

Das vom dänischen Architekten Jörn Utzon entworfene und 1973 fertig gestellte Opernhaus von Sydney hat trotz seiner eigenwilligen Architektur überraschenderweise keinen Spitznamen. Manche interpretieren das architektonische Erscheinungsbild als ‚ertrinkende Nonnen‘, doch dies hat sich als Beiname nicht durchgesetzt.

Die in Radeberg bei Dresden sitzende Radeberger Exportbierbrauerei, heute Teil des Bielefelder Oetker-Konzerns, setzt in ihrer Werbung so sehr auf die Dresdner Semper-Oper als regionales Identifikationssymbol, dass die Sachsen die Oper mittlerweile augenzwinkernd *Radeberger Brauerei* nennen.

Den Koreanern erscheint das Operngebäude Seouls wegen seiner Architektur als ‚Big Hat‘, den Pekingern gilt ihr neues Operngebäude als ‚The Egg‘. 2003 gewann der Franzose Dominique Perrault mit einem spektakulären Entwurf die Ausschreibung für den Neubau der Oper von St. Petersburg. Doch für die Petersburger war diese ‚*Goldene Kartoffel*‘ zu gewagt; der Entwurf wurde nicht verwirklicht.

6.6 Denkmäler und andere Monumente

Denkmal	Beiname
Berlin	
Luftbrücke, Tempelhof	Hungerharke
Musikerdenkmal im Großen Tiergarten	Musikerofen
Marx und Engels, Marx-Engels-Forum in Berlin-Mitte	Sacco und Jacketti Nahverkehrsdenkmal
Siegesgöttin auf der Siegessäule	Goldelse
Andere Städte	
Bonn, Beethoven	Vorsteher des Postamtes
Bonn, Kaiser Wilhelm I.	Spargeldenkmal
Chemnitz, Marx-Kopf	Nischel
Dresden, Josef Hermann	Senfbüchse
Weimar, Goethe und Schiller	Die beiden Halunken
Luxemburg, Großherzogin Charlotte	Heeschefraa, Bettelfrau
Rom, Viktor-Emanuel	Schreibmaschine, Hochzeitstorte
Djakarta, Nationalmonum.	Sukarnos letzte Erektion
Denver, blaue Pferdestatue am Flughafen	Bluecifer
Tiflis, Parademonument	Andropows Ohren Shevardnazes Kardiogramm
Monroe (Ohio), Jesusstatue	Touchdown Jesus Big Butter Jesus

In Berlin-Mitte gibt es ein Marx-Engels-Forum mit einer Statue der beiden Ökonomen und ‚Heiligen des Sozialismus‘. Weil die Kleidung der vom Bildhauer Ludwig Engelhardt 1986 geschaffenen Bronzeherren auffällt, hatte der Ostberliner Volksmund die Plastik bald *Sacco und Jacketti* benannt oder auch *Nahverkehrsdenkmal* (‚einer steht immer‘), denn Marx sitzt, während Engels steht. Ein bekanntes Marx-Denkmal besitzt zudem mit dem ‚*Nischl*‘ Chemnitz.

Denkmal	Beinamenreim
Dublin	
Anna Livia	The Floozie in the Jacuzzi
	The Hoor in the Sewer
Patrick Kavanagh	Banal at the Canal
	The Crank on the Bank
James Joyce	The Prick with the Stick
Molly Malone	The Tart with a Cart
	The Trollop with the Scollop
	The Dish with the Fish
	The Dolley with the Trolley
	The Flirt in the Skirt
Oscar Wilde	The Queer with the Leer
	The Quare in the Square
	The Fag on the Crag
Phil Lynott	The Ace with the Base
Dublin Spire	The Stiletto in the Ghetto
	The Stiffy by the Liffy
	The Skewer in the Sewer
	The Height of Folly
	The Stick in the Sick
	The Spire in the Mire
	The Poker near the Croker
	The Nail in the Pale
	The Pin in the Bin
	The Filler for the Pillar
	The Rod to God
	Erection in the Intersection

In Dublin wurden unter anderem so wichtige Schriftsteller und Poeten wie Jonathan Swift, Bernard Shaw, Oscar Wilde und James Joyce geboren. Kein Wunder, dass Dubliner als geborene Dichter gelten und so dichtet dort der Volksmund auch, was Beinamen von Denkmälern betrifft (siehe Tabelle oben). In keiner anderen Stadt gibt es mehr Monumentebeinamen. Allein der *Dublin Spire* hat ein Dutzend Beinamen in Reimform.

7. Sport

7.1 Fußballstadien in Deutschland

Fußballstadion	Beiname
Bielefeld	Alm
Chemnitz, community4you Arena	Fischerweise
Dortmund	Tempel der Glückseligkeit Deutschlands Fußball-Oper
Frankfurt, Commerzbank Arena	Größtes Cabrio der Welt
Kaiserslautern, Fritz-Walter Stadion	Betze (Betzenberg)
Köln, Rheinenergiestadion	Schmuckkästchen
München Allianz -Arena	Arroganz-Arena Kaisers Klo Schwimmreifen Schlauchboot Ufo
München, Grünwalderstraße	Sechz'ger
Schalke Veltins Arena	Wohnzimmer Festspielhaus des Deutschen Fußballs Rudis Butterdose Donnerhalle Trinkhalle

Das deutsche Fußballstadion mit den meisten Beinamen ist die im Mai 2005 eröffnete Münchner Allianz-Arena. Die einen erinnert es an einen *Schwimmreifen*, die anderen an ein *Schlauchboot*, einige an ein *Ufo* und manche an ein *Klo*.

Das früher von 1860 München benutzte Stadion an der Grünwalder Straße heißt heute noch im Volksmund wie der Verein *Sechz'ger*. Ein 1912 entstandener Vorgänger-bau des Vereins hatte übrigens den Spitznamen *Zünd-*

holzschachtel. Das neue Waldstadion in Frankfurt (jetzt Commerzbank –Arena) wird wiederum wegen eines 9000 m² großen Cabrio-Daches auch *‚größtes Cabrio der Welt'* genannt. Anfangs klemmte das Dach jedoch beim Ausfahren gelegentlich.

In Dortmund hat das Westfalenstadion, heute offiziell *Signal Iduna Park,* den Beinamen *‚Tempel der Glückseligkeit'.* Das Stadion gilt mit seiner einmaligen Atmosphäre als *Deutschlands Fußballoper.*

Im benachbarten Gelsenkirchen wird die moderne Veltins Arena von Schalke *Wohnzimmer* und auch *Donnerhalle* genannt. Als Rudi Assauer noch Manager war, sagte man auch *Rudis Butterdose.* Wie das Bielefelder Fußballstadion (heute offiziell Schüco Arena) zum Spitznamen *Alm* kam, verliert sich im Dunkel der Geschichte. Laut Wikipedia soll Mitte der 1920er Jahre das Vereinsmitglied Heinrich Pehle gesagt haben „*Hier sieht es ja aus, wie auf der Alm*". Zudem gibt es den Witz, dass das Stadion der höchstgelegene Bundesliga-Spielort sei, denn man brauche ein Jahr für den Aufstieg und ein Jahr für den Abstieg.

In Berlin gab es bis zum Abriss im Jahre 1974 am Gesundbrunnen ein Fußballstadion, zeitweise Heimstatt der Hertha, welches im Volksmund *Plumpe* genannt wurde. Leipzig hatte einst mit seinem Zentralstadion ein *Stadion der Hunderttausend.* Zur Fußball-WM 2008 wurde es jedoch verkleinert.

In manchen Stadien haben sogar Flutlichtmasten Beinamen. In Dresden heißen sie *Giraffen*, in Hannover *Zahnbürsten*.

Fußballstadion	Flutlichtmastbeiname
Dresden	Giraffen
Hannover	Zahnbürsten

7.2 Fußballstadien international

Fußballstadion	Beiname
Italien	
Bologna, PalaDozza	Il Madison
Mailand, Guiseppe Meazza	San Siro
Großbritannien	
Glasgow, Celtic FC	Paradise
London, Arsenal	Home of football
Manchester, Old Trafford	Theatre of dreams
Andere Länder	
Athen, Apostolos Nikolaidis	Indianergrab
Basel, St. Jakob Park	Joggeli
Belgrad, Roter Stern	Marakana
Buenos Aires, Boca Juniors	Pralinenschachtel
Klagenfurt, EM-Stadion	Ufo
Istanbul, Ali Sami Yen	Die Hölle
Rotterdam, Feyenoord	Kuip (Kübel, Wanne)
Zürich, Letzigrund	Fondue-Pfanne

Das Stadion des Fußballclubs Roter Stern Belgrad hatte früher mit über 100 000 Zuschauerplätzen (heute 55 000) genau so viel wie das Maracana-Stadion in Rio, deshalb sein Beiname Marakana.

Das Ali Sami Yen-Stadion des Istanbuler Klubs Galatasaray wird von Fußballfans ‚*die Hölle*' genannt.

Fußballstadien in Großbritannien, wo der Fußball erfunden wurde, haben dagegen meist sehr positiv besetzte Beinamen. Das Celtic-Stadion in Glasgow wird *Paradise* genannt, das Old Trafford Stadion in Manchester *Theatre of Dreams* und das Arsenal-Stadion in London *Home of Football*. Zu den Stadien, die nach ihrer Anmutung benannt sind, gehört das EM-Stadion *Ufo* in Klagenfurt, die *Wanne* Feyenoords und die *Pralinenschachtel* der Boca Juniors von Buenos Aires.

7.3 Schwimmhallen und Badeanstalten

Schwimmhallen, Badeanstalt	Beiname
Peking,	Wasserwürfel
olymp. Schwimmstadion	Bubbles
Berlin, Sportpalast	Sozialpalast
Berlin-Neukölln,	Culle
Columbiabad	
Berlin,	Badewanne der Berliner
Strandbad Wannsee	
Essen-Steele, Schwimmbad an	Steeler Pissbecken
der Ruhr	
Freiburg-Haslach, Hallenbad	Entenbad
Frankfurt, Rebstockbad	Schwimmoper
Hamburg,	Schwimmoper
Alsterschwimmhalle	Hanseaten-Großwäscherei
	Zitterrochen
Hannover,-Misburg,	Schuhkarton
Schwimmbad	
Saarlouis,	Wasseroper
Hallenbad	
Wuppertal, Stadtbad	Schwimmoper
Brno, Wellnes-Komplex in	Gürteltier
Kohoutovice	
Asch (CZ), Schwimmbad	Das Rote Meer (einst)
Zürich,	Tüüfi
Strandbad Tiefenbrunnen	Tuntenbrunnen
Zürich, Strandbad Utoquai	Blutto-Quai

Die Alsterschwimmhalle in Hamburg wird wegen ihres Daches ‚*Schwimmoper*' genannt. In Saarlouis gibt es entsprechend eine *Wasseroper*. Die Bewohner von Hannover-Misburg sehen ihr Schwimmbad jedoch nur als *Schuhkarton*. Die Pekinger haben seit den Olympischen Spielen 2008 immerhin einen *Wasserwürfel*.

7.4 Andere Sportstadien und -hallen

Sportstätte	Beiname
Olympiastadien, Leichtathletik	
Berlin, Stadion der Weltjugend	Zickenwiese
Peking, Olympiastadion	Vogelnest
Tokyo Dome	Das große Ei
Andere Sportstätten	
Tübingen, Sporthalle Europastr.	TüArena
Liverpool, Boxstadion	Graveyard of champions
Dublin, Croke Park	Croker
Alexander Memorial Col., Atlanta	McTit
Zürich, Eisstadion Kloten	De Durchzug
Zürich, Hallenstadion	Stallehadion, Hallestyz Wädli-Tempel (Radrennen)
Zürich, Hardturm	Millionärswiese, Kiesgrube
US-Football-Stadien	
LSU Tigers	Death Valley
Michigan Wolverines	The Big House
Texas A&M	The 12th man
Florida gators	The Swamp
Ohio State Buckeyes	The Horseshoe
Georgia Bulldogs	Between the hedges
Notre Dame	The House Rockney built
Nebraska Corn Huskers	Sea of Red
Penn State University	Happy Valley
Superior Dome, Marquette (MI)	Con-Dome
UCLA Bruins	Rose Bowl

In Berlin hieß das mttlerweile abgerissene Stadion der Jungend bei seiner Eröffnung Walter-Ulbricht Stadion. Dieser erinnerte mit seinem bart an ein bestimmtes Tier, deshalb der Beiname Zickenwiese. Dieser Die Olympischen Spiele im Jahre 2008 verhalfen Peking zu mehreren markanten Sportstätten, darunter das wegen seiner Architektur *Vogelnest* genannte Olympiastadion und das *Wasserwürfel* genannte Schwimmstadion. Peking hat ein *Vogelnest*, Tokio dagegen ein Leichtathletik-stadion, welches ‚*großes Ei*' genannt wird.

8. Einkaufen und Versorgung, Hotels

8.1 Kaufhäuser

Kaufhaus	Beiname
Berlin, KaDeWe	Schaufenster des Westens
Dresden, ehem. Centrum	Silberwürfel
Görlitz, ehem. Hertie	Deutschlands schönstes Kaufhaus
Köln, Peek&Cloppenburg	Kölner Walfisch, Ei
Leipzig, ehem. Konsument	Blechbüchse
Birmingham, Selfridges	Mr. Blobby
Edinburgh, Jenners	Harrods of the North

Kaufhäuser haben eher selten Beinamen, es sei denn ihre Architektur ist Aufsehen erregend. Die Architektur des 2006 unweit des Berliner Alexanderplatzes eröffneten Alexas ist jedoch so auffallend (schlecht), dass das Gebäude den Berliner Volksmund inspiriert hat. Dieser nennt es wegen seiner gebogenen Form ‚*Banane am Alex*' oder *Schwimmreifen*. Ein Jugendstilbau in Görlitz, in welchem der mittlerweile geschlossene Hertie untergebracht war, galt dagegen lange als *Deutschlands schönstes Kaufhaus*.

In Dresden hatte das mittlerweile abgerissene Centrum-Kaufhaus, ein wertvolles und originelles Zeugnis qualitativer DDR-Architektur, wegen seiner Fassade den Beinamen ‚*Silberwürfel*'. Immerhin wurden Fassadenelemente in einem Neubau übernommen.

Das von der Architektengruppe Future Systems entworfene Selfridges Kaufhaus von Birmingham hat insgesamt 15 000 Aluminiumscheiben auf seiner Fassade. Es wird wegen seiner Blob-Architektur auch *Mr. Blobby* genannt.

Das vom italienischen Architekten Renzo Piano entworfene Peek&Cloppenburg Textilkaufhaus in der Kölner Fußgängerzone, auch ‚*Kölner Ei*' genannt, hat im Volksmund den Beinamen ‚*Kölner Walfisch*'.

76

8.2 Fachgeschäfte, Discounter

Geschäft, Gebäude	Beiname
Dresden, Pfunds Molkerei	Deutschlands schönste Molkerei
Dortmund, Douglas-Parfümerie Krügerpassage	Europas schönste Parfümerie
Maastricht, Selexyz Dominicanen	Schönster Buchladen der Welt
Porto, Livraria Lello	Schönster Buchladen Europas
Daylesford Organic, Pimlico Road, London	Schönster Bioladen der Welt
Sydney, Queen Victoria Building	Schönstes Einkaufszentrum der Welt
Aldi	Feinkost Albrecht
Gemüseladen	(beim) Türken an der Ecke Araber an der Ecke (Frankreich)

Sachsen hat mit einem (ehemaligen) Jugendstilkaufhaus in Görlitz nicht nur *Deutschlands schönstes Warenhaus*, sondern mit der Pfunds Molkerei in Dresden auch *Deutschlands schönste Molkerei*. Bei den schönsten Buchläden Europas und der Welt sind Sachsen und auch Deutschland dagegen nicht vertreten: als solche gelten etwa der in einem Jugendstilgebäude untergebrachte Buchladen *Lello* in Porto (Portugal) oder der in einer ehemaligen Kirche eingerichtete *Selexyz Dominikanen* in Maastricht. Als schönste Bioläden der Welt gelten manchem die der britischen Kette *Daylesford Organic*, beispielsweise die Filiale an der Pimlico Road in London. Pierre Cardin hat das Queen Victoria Building in Sydney einmal als das *schönste Einkaufszentrum der Welt* bezeichnet, und viele Touristen stimmen dem zu.

Als eher hässlich gelten die Läden von Discountern. Doch manche Discounter versuchen zumindest am wachsenden Markt von Bio und Feinkost teilzunehmen. Entsprechende Bemühungen haben Aldi den Beinamen *‚Feinkost Albrecht'* gebracht.

8.3 Der Bauch von (Markthallen)

Der Bauch von...	Markthalle, Markt
Deutschland	
Berlin	Zentral-Viehhof (einst)
Berlin	Großmarkt (Moabit)
Chemnitz	Markthalle
Düsseldorf	Markt Carlsplatz
Frankfurt	Großmarkthalle (einst) Frischezentrum Kalbach
Hamburg	Großmarkt (Hammerbrook)
Hannover	Markthalle Innenstadt
Köln	Großmarkt (Raderberg)
München	Großmarkthalle,Vikutalienmarkt
International	
Barcelona	Markthalle La Bocqueria
Wien	Naschmarkt
Wien	Großmarkt in Inzersdorf
Budapest	Zentrale Markthalle
Paris	Zentraler Großmarkt (einst)
Beijing/Peking	Speicher

Markthallen in Großstädten werden oft als *Bauch von..* bezeichnet. Paris hatte einst den wohl berühmtesten Bauch, die Markthallen im Zentrum der Stadt. Emile Zola publizierte 1873 den Roman *Le Ventre de Paris*. Anfang der 1970er Jahre wurden die Markthallen abgerissen. Der Bauch von Paris wurde so durch einen Park, einen Bahnhof und ein Einkaufszentrum ersetzt. Die Großmarkthalle im Frankfurter Ostend, die 1928 erbaut wurde und 2004 ihre Funktion verlor, wurde von den Frankfurtern auch Gemieskerch (Gemüsekirche) genannt. Die Stuttgarter Jugendstilmarkthalle wurde bereits nicht nur als Bauch, sondern auch als ,*Gaumen Stuttgarts*' bezeichnet.

8.4 Hotels

Gebäude	Beiname
New Yorker Hotels	
Waldorf Astoria	Waldorf Hysteria
Hotel Pennsylvania	The World's most popular hotel
Roosevelt Hotel	Grande dame of Madison Avenue
Andere Städte	
Bochum, Hotelhochhäuser	Twin Towers
Bremerhaven, Atlantic Hotel Sail City	Dubai
Brüssel, Crown Plaza	Le Palace
Los Angeles, Beverly Hills Hotel	Pink Palace

Wenn man in Bremerhaven am Bahnhof in ein Taxi steigt und ins Atlantic Hotel möchte, fragt einen der Taxifahrer, ob man ‚das Dubai' meint. In Bremerhaven gibt es mehrere Herbergen, die sich Atlantic nennen. Das spektakulärste Hotel der Stadt ist dabei das *Atlantic Hotel Sail City*, welches das segelförmige Luxushotel Burj al Arab in Dubai zum Vorbild hat, aber lange nicht so exklusiv ist. Wie Dubai versucht Bremerhaven mit spektakulärer Architektur wirtschaftlich voranzukommen.

Ein weiterer Hotelbeiname, der mehr Weltläufigkeit verspricht, als die Stadt dann bietet, ist Twin Towers für zwei Hoteltürme am Bochumer Hauptbahnhof.

In New York gibt es zahlreiche bekannte Hotels, die auch Spitznamen haben. Das an der Park Avenue gelegene Luxushotel Waldorf Astoria wird wegen seiner Snob-Klientel auch als *Waldorf Hysteria* verballhornt, während sich das Hotel Pennsylvania als *World's most popular hotel* sieht. Das Roosevelt Hotel wird *Grande dame of Madison Avenue* genannt.

9. Bildung

9.1 Universitätsgebäude

Humboldt-Universität Berlin	
Juristische Fakultät, Bebelstraße	Kommode
Anatomisches Theater	Trichinentempel
Erwin-Schrödinger-Zentrum, Adlershof	Tote Schwarze Katze, TSK
Freie Universität Berlin	
Institutsgebäude Dahlem	Rostlaube
Philologische Bibliothek	Berlin brain, Zecke

Es gibt viele Universitätsgebäude, deren Architektur Studenten zu Spitznamen inspiriert haben. Wieder ist Berlin in Deutschland dabei die führende Stadt. Das von Carl Gotthard Langhans 1790 entworfenen Anatomische Theater der Humboldt-Universität ist das älteste erhaltene Wissenschaftsgebäude Berlins. Ursprünglich diente der Bau der Erforschung von Pferdekrankheiten - Erkenntnisse, die der Preußischen Kavallerie zu gute kommen sollten. Im Volksmund hat das Gebäude den Spitznamen *Trichinentempel*. Der klassische Bau der Juristischen Fakultät wird dagegen als *Kommode* gesehen.

Das mathematisch-naturwissenschaftliche Erwin Schrödinger-Zentrum in Berlin-Adlershof hat wegen seiner dunklen Fassade den Beinamen *Tote Schwarze Katze*. Der österreichische Physiker Erwin Schrödinger arbeitete 1927-1936 als Nachfolger von Max Planck an der Friedrich-Wilhelms-Universität in Berlin. Der Physiker ist durch das Quantenphysik-Gedankenexperiment *Schrö-

dingers Katze in Erinnerung geblieben. Dabei geht es unter anderem um die Frage, ob festgestellt werden kann, ob die eingesperrte Katze tot oder lebendig ist. Zumindest der Beiname hat diesen Sachverhalt geklärt.

Die in Dahlem sitzende Freie Universität Berlin hat ein rostbraunes, Anfang der 1970er Jahre errichtetes Gebäude der Sozialwissenschaften, welches im Volksmund *Rostlaube* genannt wird. Ab der zweiten Hälfte der siebziger Jahre kamen Gebäude mit helleren Aluminiumfassaden dazu. Diese wurden später entsprechend als *Silberlaube* bezeichnet. Im September 2005 gesellte sich die vom britischen Stararchitekten Norman Foster erbaute Philologische Bibliothek zum Gebäudeensemble. Diese wird wegen ihrer organischen Formen *Berlin Brain* genannt. Manche sehen in ihr jedoch eher eine wohlgenährte *Zecke*, welche am Hauptgebäude sitzt.

Außerhalb Berlins ist das ehemalige Unihochhaus in der Innenstadt Leipzigs beinamenreich. Heute wird das Gebäude, dessen Architektur ein offenes Buch darstellen soll, auch *steiler Zahn* genannt, zu Uni-Zeiten passenderweise auch *Weisheitszahn* bzw. Uniriese. Manche sagten auch respektlos *Professorenabschussrampe.*

Die Fassadenfarbe hat manchen Gebäuden zu Beinamen verholfen, so zum Beispiel dem rosa *Schweinchenbau* der Fakultät für Psychologie und Pädagogik der Uni München, dem *Blauen Turm* des Göttinger Campus, dem *Blauen Palais* der Bundeswehrhochschule München in Fürstenfeldbruck und dem *Grünen Ungeheuer* der Uni Rostock. Mehrere runde Gebäude werden mit einer Dose verglichen, so der Verwaltungsturm der TU Kaiserslautern und das Gebäude HS 2010 der Uni Bremen.

Rund ist auch das Audimax der Uni Bochum, aber weil die Höhenausdehnung fehlt gilt es nicht als Dose, sondern als UFO. Das Oeconomicum der TU Ilmenau liegt im Thüringer Wald, wird aber - von einer TV-Serie inspiriert - als Schwarzwaldklinik bezeichnet.

Unis anderer deutscher Städte	
Gebäude	**Beiname**
Uni Bochum, Audimax	UFO
Uni Bremen Unigebäude HS 2010	Keksdose
RU Chemnitz Hörsaal 3/C104	Aquarium
TU Dresden, Zeunerbau, Großer Hörsaal	Bombentrichter
Uni Erlangen-Nürnberg 1970er Jahre Institutsbau auf ehem. Tucherareal	Rostiger Tanker
Uni Freiburg Kollegiengebäude I-III	Aquarium
Offiziersschule Luftwaffe Fürstenfeldbruck	Blaues Palais
Hochhaus Göttinger Campus	Blauer Turm
TU Hamburg-Harburg	Lindwurm
TU Ilmenau, Oeconomicum	Schwarzwaldklinik
Verwaltungsturm TU Kaiserslautern	Dose
Ehemaliges Unihochhaus Leipzig	Weisheitszahn, Steiler Zahn Professorenabschussrampe
Uni München, Fakultät für Psychologie u. Pädagogik	Schweinchenbau
Uni Rostock, Gebäude Wirtschafts- u. Sozialwiss.	Das grüne Ungeheuer
Uni Hamburg, Institut der Sozialwissenschaften	Pferdestall

9.2 Mensen und Studentenwohnheime

Gelegentlich haben auch Mensen Beinamen, so *Kakao-bunker* (Münster), *Schweinemensa* (Hamburg, Studentenhaus) oder *Edelmensa* für die Würzburger Mensa, die auch Burse genannt wird.

Gebäude	Beiname
Mensen	
Münster	Kakaobunker
Hamburg, Studentenhaus	Schweinemensa
Würzburg, Unimensa	Burse, Edelmensa
Lausanne, EPFL-Mensa	Akropolis
Studentenwohnheime	
Bochum, Laerholzstr.	Samenbunker
Calw FH	Schneepflug
Den Haag, Studentenwohnkomplex Meerderdevoort	Chinesische Mauer
Beijing, Foreign Studies University, Ostcampus	Hollywood

Zu den Studentenwohnheimen mit Beinamen gehörte in den 1970er Jahren auch ein Wohnheim in der Laerholzstr. in Bochum, welches nur von männlichen Studenten bewohnt war und deshalb *Samenbunker* hieß. In Calw gibt es ein Wohnheim, welches wegen seiner Form und seiner an einen Hang gedrückten Lage *Schneepflug* genannt wird. In Den Haag streckt sich ein Studentenwohnheimskomplex so lang, dass er Chinesische Mauer genannt wird. Im chinesischen Peking hat ein Studentenwohnheim auf dem Ostcampus der Foreign Studies University wiederum den Spitznamen Hollywood.

10. Straßen und Plätze

10.1 Innerstädtische Straßen-Abkürzungen

Straße	Beiname
Berlin, Kurfürstendamm	Kudamm
Berlin, Tempelhofer Damm	Te-Damm
Berlin, Oranienburger Straße	Oburger
Berlin, Oranienstraße	O-Straße
Berlin, Potsdamer Straße	Potse
Düsseldorf, Königsallee	Kö
Hamburg, Mönckebergstraße	Mö
Essen, Rüttenscheider Straße	Rü
Rostock, Kröpeliner Straße	Kröpi
Amsterdam, P.C. Hooftstraat	P.C.
Wien, Mariahilfer Str.	Mahü

In Berlin werden etliche lange Straßen und Platznamen im Volksmund verkürzt. Beispiele für Straßen sind Kudamm (Kurfürstendamm), Te-Damm für den Tempelhofer Damm oder O-Straße (Oranienburger Straße). In Düsseldorf ist die Kö (Königsallee) als nobles Einkaufspflaster bekannt. Entsprechend gibt es in Essen eine (allerdings weniger berühmte) Rü (Rüttenscheider Straße) und in Hamburg eine Mö (Mönckebergstrasse). Rostock hat wiederum eine Kröpi (Kröpeliner Straße). In Wien wird die Mariahilfer Straße manchmal Mahü genannt.

10.2 Innerstädtische Straßen, Beinamen

Straße	Beiname
Berlin, Kastanienallee	Castingallee
Leipzig, Kneipenmeile	Drallewatsch
Dortmund, Westenhellweg	Goldene Meile
Frankfurt ,Gr. Bockenheimer	Fressgass
Frankfurt, Berger Straße	Bernemer Zeil
Hamburg, Steilshooper Allee	Hausfrauenrennstrecke
Hamburg, Schulterblatt	Galao-Strich
Hamburg, Sülldorfer Landstr.	Kaviaräquator
Reutlingen, Fußgängerzone	Via Schlappia
Titisee, Flaniermeile	Goldküste
Wittmund, Fußgängerzone	Pudding
Moskau, Novy Arbat	Eisernes Gebiss
Chicago, State Street	That Great Street
Chicago, Michigan Avenue	Magnificent Mile
Paris, Champs-Elysées	Schönste Straße der Welt

Die Kastanienallee in Berlin-Prenzlauer Berg wird wegen der Laufstegatmosphäre mit sich dort bewegenden gut angezogenen Frauen auch als *Castingallee* verballhornt. Wegen vieler Schuhgeschäfte wird die Fußgängerzone in Reutlingen *Via Schlappia* genannt.

In Wittmund heißt die Fußgängerzone im Volksmund dagegen *Pudding*. In Dortmund gilt die sehr belebte Fußgängerzone Westenhellweg als ‚Goldene Meile'. In Titisee gilt eine Flaniermeile am See als Goldküste.

In Frankfurt wird die Berger Straße im Stadtteil Bornheim mit der innerstädtischen Einkaufsmeile Zeil verglichen und von Bewohnern deshalb *Bernemer* (Bornheimer) *Zeil* genannt.

10.3 Innerstädtische Straßen, Vergleiche

Stadt	Champs-Elysées von..
Berlin	Kurfürstendamm
Barcelona	Allee Passeig de Gracia
Budapest	Andrassy Utca
Marseille	Cannebière
Lissabon	Avenida de Liberdade
Mexiko Stadt	Paseo de la Reforma
Shanghai	Huaihai
St. Petersburg	Nevsky Prospekt
Tokio	Omotesando
Warschau	Krakowskie Przedmiescie
Wien	Mariahilfer Str.
Stadt	**Wall Street von..**
Sao Paulo	Avenida Paulista
Makati (Manila)	Ayala Avenue
Garden City	Franklin Avenue
Stadt	**Fifth avenue von..**
Shanghai	Nanjing Road
Moskau	Tverskaya Ulitsa
Toronto	Yorkville
Buenos Aires	Avenida Alvear
Wien	Mariahilfer Str.

Die Champs Elysées in Paris hat den Beinamen ‚*schönste Straße der Welt*‘. Vielen Prachtstraßen anderer Metropolen dient sie als Maßstab, so in Berlin, Budapest Mexico City und St. Petersburg, was zu entsprechenden Beinamen führte. Als Inbegriff einer innerstädtischen Luxuseinkaufsstraße gilt auch die New Yorker Fifth Avenue. Manche Straßen werden wegen Bankhochhäusern oder dort sitzender Investmentgesellschaften mit der New Yorker Wall Street verglichen, so die Ayala Avenue in Makati (Großraum Manila), die Avenida Paulista in Sao Paulo oder die Franklin Avenue in Garden City bei New York.

10.4 Plätze

Platz	Spitzname
Berlin, Alexanderplatz	Alex
Berlin, Kurt Schumacher Platz	Kutschi
Berlin, Leopoldplatz	Leo
Berlin, Stuttgarter Platz	Stutti
Berlin, Sophie-Charlotte-Platz	Soffie
Berlin, Theodor-Heuss-Platz	Theo
Bielefeld, Siegfriedplatz	Siggi
Erlangen, Hugenottenplatz	Hugo
München, Karlsplatz	Stachus
München, Stiglmaierplatz	Spiegeleierplatz
Hannover, Raschplatz	Haschplatz
Heidelberg, Bismarckplatz	Bisi
Luxemburg, Place Guillaume II.	Knuedler

In Berlin werden etliche lange Platznamen im Volksmund verkürzt. Beispiele sind Alex (Alexanderplatz, dieser ist nach Zar Alexander I. benannt), Kutschi (Kurt Schumacher-Platz), Leo (Leopoldplatz) und Stutti (Stuttgarter Platz). In München ist der zentrale Karlsplatz, einst einer der verkehrsreichsten Plätze Deutschlands, unter dem Namen *Stachus* bekannt. Dieser Name stammt vom Gastwirt Eustachus Föderl, der hier ab 1755 eine Gaststätte mit Biergarten betrieb, den Stachusgarten. Nicht weit vom Stachus liegt der Stiglmaierplatz, im Volksmund auch *Spiegeleierplatz* genannt. In Hannover war der Raschplatz hinter dem Hauptbahnhof einst für seine Drogenszene berüchtigt, deshalb der Beiname *Haschplatz*.

In Heidelberg wird der Bismarckplatz im jüngeren Volksmund zu Bisi verkürzt.

In Luxemburg Stadt hat der innerstädtische Wilhelmsplatz (Place Guillaume II.) den Beinamen Knuedler. Dies leitete sich von Knued ab, dem Knoten des Gürtels der Mönche, die hier einst ein Kloster hatten.

10.5 Gute Stube

Stadt	‚Gute Stube'
Berlin	Gendarmenmarkt, Platz vor Brandenburger Tor
Bonn	Altes Rathaus
Bremen	Marktplatz
Dortmund	Westfalenhalle, Goldsaal
Dresden	Neumarkt
Frankfurt	Römerberg (Guud Stubb)
Freiburg	Münsterplatz
Goslar	Marktplatz
Hamburg	Rathaus, Rathausplatz Binnenalster, Elbvororte
Hannover	Opernplatz
Hildesheim	Marktplatz
Kassel	Stadthalle
Kiel	Dänische Straße
Köln	Gürzenich
Leipzig	Markt
Mannheim	Rosengarten
München	Marienplatz
Münster	Prinzipalmarkt
Nürnberg	Hauptmarkt
Rostock	Neuer Markt
Saarbrücken	Marktplatz

Jede Stadt, welche etwas auf sich hält, verfügt über eine ‚gute Stube'. Oft ist dies der historische Marktplatz oder ein anderes ehrwürdiges Gebäudeensemble der Altstadt. In manchen Städten gilt ein bestimmtes Gebäude als *gute Stube'*. Manchmal wird auch nur eine Stadthalle so bezeichnet. In Dortmund ist es sogar nur ein bestimmter Saal einer Halle, der *gute Stube* genannt wird. Hamburg hat mehrere *‚gute Stuben'*. Darunter ist mit der Alster sogar ein See. In Zürich sagt man nobler *‚Salon der Stadt'*. Als solcher gilt dort der Paradeplatz.

10.6 Brunnen

Brunnen	Beiname
Deutschland	
Aschaffenburg, Fußgängerzonenbr.	Zinsquetsche
Berlin, Neptunbrunnen	Forkenbecken
Berlin, Alex, Brunnen der Völkerfreundschaft	Nuttenbrosche
Berlin, Strausberger Platz, Brunnen Schwebender Ring	Parteitagsbrause (früher)
Duisburg, André Volten-Brunnen	Waschmaschine
Frankfurt/oder, Brunnen vor Hotel Stadt Frankfurt	Panzersperre
Görlitz, Brunnen am Postplatz, Brunnenfigur	Muschelminna
Herford, Innenstadtbrunnen	Bürgerdusche
Ludwigshafen, Fußgängerzonenbr.	Knödelbrunnen
Nürnberg, Napoleonsbrunnen	Schlangenbrunnen
International	
Grenchen (CH), Parktheaterbrunnen	Teerfass
Chicago, Buckingh. Mem. Fountain	Al Bundy Brunnen
Palermo, Pretoria Brunnen	Brunnen der Scham

Das unterfränkische Aschaffenburg hat unter dem Bürgermeister Willi Reiland so viele Brunnen bekommen, dass dieser Brunnen-Willi genannt wurde. Der bekannteste Brunnen in der Fußgängerzone hat den Beinamen Zinsquetsche. In Berlin sind Brunnen seltener, haben aber originelle Beinamen. Im Neptunbrunnen ist der Meeresgott mit einem Dreizack ausgestattet, deshalb der Spitzname *Forkenbrunnen*. Der 1970 auf dem Alexanderplatz in Berlin aufgestellte ‚*Brunnen der Völkerfreundschaft*' hat wegen seiner bunten Emaillierung bei der Bevölkerung den Spitznamen *Nuttenbrosche*. In Chicago heißt der Memorial Fountain auch *Al Bundy-Brunnen*, denn dieser Brunnen wurde im Vorspann zu jeder Episode der Sitcom ‚*Eine schrecklich nette Familie*' (mit dem Protagonisten Al Bundy) gezeigt.

10.7 Baugruben, Öffnungen

Stadt	Örtliches ‚Loch'
Bonn, Bahnhofsplatz	Bonner Loch
Dresden, Wiener Platz	Wiener Loch (einst)
Erfurt, Baugrube Opernhaus	Erfurter Loch (einst)
Frankfurt, Hauptwache	Das Loch
Köln, Neumarkt	Kölner Loch

In Bonn wird ein mit mehreren Treppen ausgestatteter Zugang zu einer unterirdischen Bahnhofspassage als *Bonner Loch* bezeichnet. In Erfurt führte ein DDR-Opernprojekt nach der Wende zu einem *Erfurter Loch*.

In Dresden gibt es unweit des Bahnhofs ebenfalls ein ‚Loch', dieses heißt jedoch ‚*Wiener Loch'*. Namensgebend ist der Wiener Platz, an welchem es liegt. Hier scheiterten bereits mehrere Bauprojekte, wie das einer Staatsoperette und eines Einkaufszentrums. Weil die Sicherung der Baugrube jeden Monat 30 000 Euro verschlingt, führte der Bund der Steuerzahler das Loch bereits in seinem Schwarzbuch. Mittlerweile ist der Bau eines Geschäftshauses geplant. In Frankfurt heißen die S-Bahnzugänge an der Hauptwache ‚*das Loch'*.

Jahrelang klaffte am Kölner Neumarkt ein ‚Kölner Loch'. Der Bau eines Museums verzögerte sich hier immer wieder. 2010 wurde der Neubau des Völkerkundemuseums am Neumarkt endlich eröffnet. Gelegentlich wurde auch das Loch, welches mit dem Einsturz des Kölner Stadtarchives entstand, als *Kölner Loch* bezeichnet. Am Bremer Rathausplatz gibt es eine in den Boden eingelassene Spendenbüchse, *Bremer Loch* genannt.

Auf Mallorca gibt es wegen vieler Residenten aus der nordrhein-westfälischen Landeshauptstadt in Porto Andratx ein *Düsseldorfer Loch*, auch Port Quatsch genannt. Das *Hamburger Loch* ist ein Seegebiet in der Deutschen Bucht.

11. Infrastruktur

11.1 Friedhöfe

Friedhof	Beiname
Dortmund, Hörder Friedhof	Bickefeld
Berlin, Friedhof Grunewald	Toteninsel
Kramsach, Museumsfriedhof	Lustiger Friedhof
München, Bogenhausener Fr.	Prominentenfriedhof
Nürnberg, St. Johannisfriedhof	Rosenfriedhof
Sapanta (Rumänien)	Fröhlicher Friedhof
Wien, Heiligengeistfriedhof	Armesünderfriedhof
Wien, St. Marxer-Friedhof	Mozartfriedhof

Auf dem Friedhof der katholischen Kirche St. Georg im Münchner Stadtteil Bogenhausen sind so viele bekannte Persönlichkeiten begraben, dass er den Beinamen ‚*Prominentenfriedhof*‘ hat. Zu diesen Prominenten gehören etwa die Schriftsteller Oskar Maria Graf und Erich Kästner, der Regisseur Rainer Werner Fassbinder, die Schauspieler Walter Sedlmayer, Helmut Fischer und Liesl Karlstadt und der Unternehmer Josef Schörghuber.

In Berlin liegt der Friedhof Grunewald so von Bahnlinien eingeschlossen, dass er *Toteninsel* genannt wird. *Toteninsel* ist übrigens auch der Titel eines Bildes von Arnold Böcklin.

Mehrere Städte hatten früher ‚Armesünderfriedhöfe‘ (bzw. Schandacker), wo die Toten naher Richtstätten begraben wurden. Heute wird der Heiliggeistfriedhof in Wien (‚*der Tod, der muss ein Wiener sein*‘) noch so genannt.

Lustiger geht es in Rumänien zu, wo im Ort Sapanta der örtliche Künstler Ion Stan Patras (1908-1977) zahlreiche Grabstelen mit handgemalten Bildern vom Leben der Verstorbenen geschmückt hat, was dem dadurch bunt erscheinenden Friedhof den Beinamen ‚*fröhlicher Friedhof*‘ eingebracht hat.

11.2 Kraftwerke

Kraftwerk	Beiname
Hannover, Linden-Nord	Drei warme Brüder
Dresden, Kraftwerk Mitte	Aurora
Hürth, Knapsack (einst)	Zwölf Apostel
	Vier Evangelisten
London, Battersea	Temple of Power
Loviisa, Kernkraftwerk	Eastinghouse

Das 1962 in Hannover-Linden eröffnete Heizkraftwerk hat wegen seiner drei schlanken Kesselhäuser mit den hohen Schornsteinen den Beinamen die *Drei warmen Brüder*.

Das Kraftwerk Goldenberg in Hürth-Knapsack hatte einst 12 hohe Schornsteine und wurde deshalb von der Bevölkerung ‚Zwölf Apostel' genannt. Als nur noch vier Türme übrig waren, wurden diese die ‚Vier Evangelisten' genannt. 2002 wurde auch diese letzten 4 Großkamine abgetragen. Heute gibt es einen einzigen Doppelkamin, einen Spitznamen hat er nicht. Das Dresdner Kraftwerk Mitte ist seit 1994 stillgelegt. Im Volksmund hatte es den Spitznamen ‚Aurora' oder auch ‚Panzerkreuzer Aurora'. Im Jahr 2006 wurden allerdings die Schornsteine und das Kesselhaus abgerissen, an einen Panzerkreuzer erinnert das Kraftwerk jetzt nicht mehr.

In London ist das 1983 stillgelegte riesige Kohlekraftwerk im Stadtteil Battersea wegen der an eine Kultstätte erinnernde Front auch als *Temple of Power* (Energietempel) beschrieben worden.

Das Kernkraftwerk Loviisa in Finnland wird wegen seiner Kombination von sowjetischer Bauart mit Technik von Westinghouse und Siemens auch als *Eastinghouse* bezeichnet.

11.3 Leuchttürme

Leuchtturm	Beiname
Arkona	Schinkelturm
Bremen	Moschee
Bremerhaven, Kaiserschleuse Ostfeuer	Pingelturm
Bremerhaven, Unterfeuer	Zwiebelturm Minarett
Eckernförde	Zahnbürste
Pilsum	Otto-Turm
Cordouan, Frankreich	König der Leuchttürme

Der 1891 erbaute Pilsumer Leuchtturm wird seit dem Ersten Weltkrieg wegen einer Verlegung des Fahrwassers nicht mehr betrieben. Der kleine, lustig aussehende rot-gelb gestreifte Leuchtturm wurde als Dreh-Location von Otto-Filmen bekannt und hat seither den Beinamen Otto-Turm. In diesem beliebten Türmchen kann man sich sogar trauen lassen.

An Leuchtturmbeinamen reich ist Bremerhaven. Der Backsteinturm an der Kaiserschleuse wird *Pingelturm* genannt, das Unterfeuer in der Nähe des Zoos wird von manchem mit einem Zwiebelturm, von anderen als Minarett gesehen.

Auf dem Kap Arkona an der Nordspitze Rügens tummeln sich gleich drei Leuchttürme, darunter zwei Seefeuer und ein Peilturm. Einer der Türme, ein kantiger Backsteinbau wird, wohl zu Unrecht, dem Berliner Architekten Karl Friedrich Schinkel (1781-1841) zugeschrieben und deshalb auch *Schinkel-Turm* genannt.

Der für einen Leuchtturm ungewöhnlich kantige, 1986 erbaute Leuchtturm von Eckernförde wird wegen seiner Anmutung auch *Zahnbürste* genannt. Der Leuchtturm von Cordouan an der Gironde in Westfrankreich gilt als ,Leuchtturm der Könige' und ,König der Leuchttürme'.

12. Verkehrsbauten

12. 1 Bahnhöfe in Deutschland

Während fast alle Schienenfahrzeuge und etliche Neben-
bahnlinien Beinamen haben, sind Beinamen für Bahnhöfe
eher selten. Vielleicht deshalb, weil Bahnhöfe ja schon
mit der jeweiligen Stadt verbundene Namen haben. Auch
würden Beinamen eher Verwirrung stiften, wollte jemand
den Weg zum Bahnhof finden. Beinamen haben Bahnhöfe somit nur in besonderen Fällen (besondere Architektur oder Funktion).
Berlin ist die Hauptstadt der Gebäudebeinamen, in keiner
anderen Stadt gibt es so viele Beinamen für markante
Gebäude. Obwohl die Berliner sonst schnell mit Beinamen zur Hand sind, hat sich jedoch für den neuen
Berliner Hauptbahnhof noch kein Beiname richtig
etabliert. Der Berliner *Tagesspiegel* hat deshalb Anfang
2007 einen Beinamenwettbewerb für diesen Bahnhof
kreiert, um endlich einen Spitznamen zu finden. Vielleicht liegt es auch daran, dass dieser ursprünglich
Lehrter Bahnhof heißen sollte und es damit bereits zwei
Namen für einen Bahnhof gab. Außerdem hat Berlin
mehrere Fernbahnhöfe, die im Laufe der Geschichte
immer wieder den Namen wechselten. Trotzdem gab es
bereits Versuche, dem Berliner Hauptbahnhof einen
Beinamen zu verpassen. In der englischsprachigen Aus-
gabe von Spiegel online wurde er schon mal als **glas
armadillo** tituliert (gläsernes Gürteltier). Diese Bezeichnung kann sich jedoch im Deutschen nicht durch-
setzen, da es in Westberlin, bereits ein IHK-Bürogebäude
unweit des Bahnhofs Zoo mit dem Spitznamen Gürteltier
gibt. Manchmal wird der neue Bahnhof von der DB auch
als **Eisenbahndrehkreuz Europas** bezeichnet, was eher
Wunschdenken in Bezug auf seine zukünftige Rolle dar-
stellt. In der Presse wurde der Bahnhof auch als

Mehdorns Kristallpalast oder als **Glaspalast mit Wüste** bezeichnet, da um ihn herum sich städtebaulich noch wenig entwickelt hat. Nachdem im Januar 2007 sich bei einem Sturm Stahlträger gelöst hatten und der Bahnhof gesperrt werden musste, wird der Bahnhof auch als **Pannenbahnhof** verspottet. In Berlin gibt und gab es weitere Bahnhöfe, die mit Beinamen belegt sind, darunter natürlich der Bahnhof Zoo (für Zoologischer Garten), die Grenzübergangsstelle **Tränenpalast** am Bahnhof Friedrichstraße, und der Schlesische Bahnhof, der wegen den Schienenverbindungen zu katholischen Gebieten im Osten **katholischer Bahnhof** genannt wurde. Der Anhalter Bahnhof galt einst als **Mutterhöhle der Eisenbahn** oder als **Tor in die blaue Ferne**. Der alte Lehrter Bahnhof galt wegen seiner Architektur als **Schloss unter den Bahnhöfen**. Der Bahnhof von Wünsdorf bei Berlin wurde wegen der dort stationierten großen sowjetischen Garnison auch *Russenbahnhof* genannt. Russenbahnhof ist auch die Bezeichnung für einen Straßenbahnbetriebshof in Leipzig.

Berliner Bahnhöfe	
Anhalter Bhf	**Mutterhöhle der Eisenbahn** **Tor in die blaue Ferne**
Berlin Hauptbahnhof	**Glaspalast mit Wüste** **Bröckelbahnhof**
Friedrichstraße (früher)	**Tränenpalast** (Grenzübergangsstelle)
Schlesischer Bhf	**Katholischer Bahnhof**
Lehrter Bahnhof (früher)	**Schloss unter den Bahnhöfen**
Zoologischer Garten	**Urologischer Garten**

Der Bahnhof des Auswandererhafens Cuxhaven hieß früher auch **Bahnhof der Tränen**. Das Auswandererkai am Columbusbahnhof in Bremerhaven wurde dagegen heute noch **Kaje der Tränen** genannt.

Ein neuer Bahnhof mit Spitznamen ist der Bahnhof Kassel-Wilhelmshöhe, der wegen seines zugigen Vorplatzes und einer durchlaufenden Windschneise **Palast der tausend Winde** genannt wird. Der Hauptbahnhof Kassel (Kopfbahnhof) trägt heute dagegen den Titel Kulturbahnhof. Der wenig repräsentative Hauptbahnhof Dortmund wird manchmal als **Pommesbude mit Gleisanschluss** verspottet. Es bestanden Pläne, ein futuristisches Einkaufs- und Entertainment Center, das wegen seiner spektakulären architektonischen Form **UFO** genannt wurde, zu verwirklichen. Dieses Projekt scheiterte jedoch. Dennoch soll der Bahnhof ein neues Gesicht bekommen. Der Leipziger Hauptbahnhof wird wegen seiner Einkaufspromenaden auch als **Einkaufszentrum mit Gleisanschluss** bezeichnet.

Schwammerlbahnhof war ein Spitzname des stillgelegten Giesinger Bahnhofs in München, da man von dort zum Schwammerln sammeln (Pilze sammeln) in die südlich gelegenen Wälder fahren konnte.

Ehemalige Beinamen	
Ludwigshafen Hbf	**Modernster Bahnhof Europas**
Rostock Hbf	**Lloyd-Bahnhof**
Solingen	**Gammelbahnhof**
Bremen Columbusbhf	**Bahnhof am Meer** **Kaje der Tränen**
Saßnitz Fähranleger	**Glasbahnhof**

Der Würzburger Hauptbahnhof wurde von `Bild am Sonntag´ **Deutschlands schäbigster Bahnhof** genannt, weil dieser 50er Jahre-Bahnhof mittlerweile dringend sanierungsbedürftig ist. Auch der Ludwigshafener Hauptbahnhof ist nicht mit Würde gealtert und wirkt heute abschreckend. Bei seiner Einweihung im Jahr 1969 galt er noch als *modernster Bahnhof Europas*.

Der stark von Vandalismus und Verfall geprägte Bahnhof Solingen Hbf einst **Gammelbahnhof** genannt, wurde 2006 zu einem Designzentrum umgebaut. Solingen-Ohligs wurde daraufhin in Solingen Hbf umbenannt.

Seit der Bahnhof im Zuge der Expo 2000 nach Plänen des österreichischen Malers Hundertwasser umgestaltet wurde hat Uelzen einen Hundertwasserbahnhof.

Noch aktuelle Beinamen	
Altenbeken	**Fünffingerbahnhof** Wegen der Anordnung der Gleise
Bad Liebenzell	**Marmorbahnhof**
Schönefeld (Berlin Airport)	**Freies Feld** Weil weit von bebauten Flächen entfernt
Dortmund Hbf	**Pommesbude mit Gleisanschluss**
Hannover Nordstadt	**Blaue Grotte, Blauer Bahnhof** Wegen der blauen Glaskacheln.
Kassel-Wilhelmshöhe	**Palast der tausend Winde** **Größte Tankstelle der Welt** (Vordach)
Köln Hbf	**Bahnhofskapelle**
Leipzig Hbf	**Einkaufszentrum mit Gleisanschluss**
Mechernich	**Miniaturbahnhof** Weil er so mickrig ausfiel.
Uelzen	**Hundertwasserbahnhof**
Unterneudorf	**Stachelbeerbahnhof** (Haltepunkt)

In Landsberg am Lech wurde der Bahnhof von der Gemeinde übernommen und als **Bürgerbahnhof** mit Einkaufs- und Fahrkartenvertriebsfunktionen außerhalb des

DB-Konzeptes betrieben. Auch in Füssen, Potsdam und Neuruppin gibt es Bürgerbahnhofskonzepte.

Als **Kulturbahnhof** wird manchmal die kulturelle Nutzung betrieblich nicht mehr nötiger Bahnhofsgebäude oder wie in Kassel Hbf (erster Kulturbahnhof) die kulturelle Nutzung von Teilen des Empfangsgebäudes, bezeichnet.

Kunstbahnhof: Bezeichnung für das nicht mehr genutzte Bahnhofsgebäude von Eschenau in Rheinland-Pfalz.

Umweltbahnhof ist eine 1993 in Rheinland-Pfalz gestartete Initiative, kleinere Bahnhöfe verkehrlich zu vernetzen und dadurch aufzuwerten. Auch in anderen Bundesländern verlaufen Bürgerprojekte zur Rettung und Aufwertung kleinerer Bahnhöfe so. Auch eine Initiative im brandenburgischen Dannenwalde nennt sich so, ebenfalls der Hundertwasserbahnhof in Uelzen.

Eine Initiative in Rheinland-Pfalz, die gewerbliche Nutzung kleinere Bahnhöfe und ihres Umfeldes zu verbessern und neue Entwicklungen anzustoßen, ist der **Mittelstandsbahnhof.** Als Modellbahnhof wurde dafür Flörsheim-Dalsheim bei Worms ausgewählt.

Neuere Konzepte für kleinere Stationen	
Bürgerbahnhof	Landsberg am Lech
Kulturbahnhof	Kassel Hbf, Wolfenbüttel, Neuenkirchen-Voerden, Königs Wusterhausen, Drensteinfurt, Püttlingen, Affoltern, Mürzzuschlag (Österreich), Spalt.
Kunstbahnhof	Eschenau (Rheinland-Pfalz)
Mittelstands-bahnhof	Flörsheim-Dalsheim (bei Worms)
Umweltbahnhof	4 Modellbahnhöfe in Rheinland-Pfalz: Bullay, Monsheim, Grünstadt und Niederlahnstein. Dannenwalde (Brandenburg)

12.2 Bahnhöfe-International

Wie in Deutschland sind Bahnhofsbeinamen im Ausland eher selten, nur wenige Bahnhöfe haben einen Spitznamen. Der Hauptbahnhof von Rom, Roma Termini, wird wegen seiner Architektur (skelettähnliche Betonrippenkonstruktion) und Größe auch **il dinosauro** genannt. Im Jahr 2006 bekam er offiziell den Beinamen **Johannes Paul der II-Bahnhof**.

In Frankreich wurden etliche der neuen Bahnhöfe entlang von Hochgeschwindigkeitsstrecken zentrumsfern errichtet. Der TGV-Bahnhof Haute Picardie nördlich von Paris wird wegen seiner stadtfernen Lage auf der grünen Wiese auch **Rübenbahnhof** (Gare aux betteraves) genannt. Der Eurostar-Bahnhof von Lille (Euralille) ist so zugig, dass er **Luftzugsbahnhof** (ähnlich dem Bahnhof von Kassel-Wilhelmshöhe) genannt wird (gare aux courants d'air). Im Großraum Paris gibt es in Juvisy-sur-Orge einen Bahnhof, dessen Gleisanlagen so ausgedehnt sind, dass er **größter Bahnhof der Welt** genannt wird. Der Bahnhof von Limoges mit seinem hohen Turm und der runden Kuppel führt bei den Bewohnern zu der Assoziation einer *Schildkröte, die eine Kerze heiratet*. Manchen erinnert er an die Hagia Sophia in Istanbul.

Ein besonderer Bahnhof in Frankreich ist der riesige Bahnhof (220 Meter lang) von Canfranc in den Pyrenäen and der französisch-spanischen Grenze, der, weil ohne Verkehr, auch Phantombahnhof (gare fantôme) genannt wird (auch der Bahnhof Potsdamer Platz in Berlin galt früher, weil ungenutzt, als Phantombahnhof).

Der spanische Maler Salvador Dali (1904-1989) war oft mit dem Zug von seiner nordspanischen Heimat nach Paris unterwegs. Die Bahnfahrt führte ihn durch den südfranzösischen Bahnhof Perpignan, und Dali hatte dabei immer das Gefühl, dass dieser Bahnhof bei ihm Inspiration und Geistesblitze auslöste. Deshalb nannte er den Bahnhof ein wichtiges Zentrum der westlichen Metaphysik, und schließlich sah er ihn sogar als **mystisches und kosmisches Zentrum des Universums** (centre mystique et cosmique de l'Univers). Dali hat diesem Bahnhof schließlich 1965 ein eigenes Bild gewidmet. Die französische Eisenbahn war durch diese Sichtweise geschmeichelt und bestellte bei Dali schließlich 6 vom Künstler zu gestaltende Eisenbahnplakate.

Anlässlich der Ski-WM des Jahres 2001 wurde der Bahnhof von St. Anton von der Sonnenseite des Ortes an den Bergbahnen, wo er jedoch den Skibetrieb störte, an die Südseite des Tals verlegt. Das alte denkmalgeschützte Empfangsgebäude ließ man stehen. Zum Umbaukonzept gehörte eine Verlängerung des Arlbergtunnels um 400 m. Das Ostportal des Tunnels musste verlegt werden und als Erinnerung wurden Teile des alten Ostportals vor dem Bahnhof aufgestellt. Der neue Bahnhof mit seiner glatten Fassade wirkt minimalistisch-kühl. Nicht jedem behagte dieser Stil, was sich auch im Bahnhofs-Spitznamen ‚**St. Beton**' ausdrückt.

Ein Bahnhof mit mehreren Beinamen ist der 1900-1909 erbaute Prager Hauptbahnhof, der nach seinem Architekten auch Fanta-Bahnhof genannt wird. Vor dem ersten Weltkrieg hieß er Kaiser-Franz-Josef-Bahnhof, in der Ersten Republik nach dem Weltkrieg bis zur deutschen Besetzung war er nach dem amerikanischen Präsidenten Woodrow Wilson, der die Versailler Verträge und damit die Unabhängigkeit der Tschechoslowakei von Österreich-Ungarn mitverhandelt hatte **Wilson-Bahnhof** benannt. Seit 1990 trägt er wieder diese Bezeichnung, die vom Volksmund allerdings kaum aufgenommen wurde. Zurzeit wird der Bahnhof, der durch eine vor dem Eingang verlaufende Stadtautobahn und in sozialistischer

Zeit gebaute unterirdische Zugangsebenen seinen ursprünglichen Charakter verloren hat, umgebaut, um wieder ein attraktives Stadt-Entree zu werden.

In London wird der Bahnhof von Paddington auch *Gateway to the west* genannt. In Cincinnati wird der Kopfbahnhof Union terminal auch mit *CUT* abgekürzt. Im neuseeländischen Dundee gibt es einen interessanten Bahnhof, der in einem Stil verwirklicht wurde, welcher seinem Architekten den Spitznamen Lebkuchen-Architekt eingebracht hat.

Bahnhof	Beiname
Österreich	
St. Anton (Österreich)	**St. Beton**
Frankreich	
Haute Picardie (TGV)	**Gare aux betteraves**
Juvisy-sur-Orge	**Größter Bahnhof der Welt**
Lille Europe	**Gare aux courants d´air**
Paris-Châtelet les Halles	**Flipper**
Perpignan	**Spirituelles Zentrum der Welt**
Übriges Westeuropa	
Antwerpen-Central	**Eisenbahnkathedrale**
London Paddington	**Gateway to the West**
Rotterdam Blaak	**Kanaldeckel, Flötenkessel**
Rotterdam CS (Planung)	**Kartoffelsack**
Südeuropa	
Roma Termini	**Il dinosauro (der Dinosaurier)**
Canfranc (Spanien)	**Phantombahnhof**
Osteuropa	
Bratislava	**Gewächshaus**
Iaşi (Rumänien)	**Deutsches Schloss**
Prag Hlavni Nadrazi	**Wilsonbahnhof**
Sludjanka (Russland)	**Marmorbahnhof**

12.3 Bushaltestellen

Spitznamen für Bushaltestellen sind relativ selten. Eine Ausnahme sind die Bushaltestellen am Oberhausener Bahnhof, die wegen der Dachform **Surfbrett** genannt werden. In Duisburg-Hamborn gibt es eine Bushaltestelle in der Nähe eines Rhabarberfeldes, welche auch **Rhabarberbahnhof** genannt wird. In Hannover wurde in den 1990er Jahren mit dem Projekt Busstop versucht, Bushaltestellen interessanter zu gestalten. Wichtige Architekten und Designer konnten dafür gewonnen werden. Die von Alessandro Mendini am Steintor in gelb-schwarz Lego-ähnlich gestaltete Haltestelle wird im Volksmund auch **Trutzburg am Steintor** und die von Frank Gehry gestaltete am Braunschweiger Platz **Franks Dinosaurier** genannt.

In Aachen wird die vom Architekten Peter Eisenmann gestaltete dekonstruktivistische Bushaltestelle am Friedrich-Wilhelm-Platz in der Innenstadt von der Bevölkerung als **Frittezäng** (Frittenzange) bezeichnet.

Der Busbahnhof Port Authority Bus Terminal in New York wird manchmal als **geschäftigster Busbahnhof der Welt** (world's busiest bus terminal) bezeichnet. Zudem erschien er auf einer Liste der 10 hässlichsten Gebäude der Welt.

Stadt	Bushaltestelle	Beiname
Aachen	Bushaltestelle Friedrich-Wilhelm-Platz	**Frittezäng**
Duisburg	Bushaltestelle im Stadtteil Hamborn	**Rhabarberbahnhof**
Hannover	Bushaltestelle am Steintor	**Trutzburg am Steintor**
Hannover	Haltestelle Braunschweiger Platz	**Franks Dinosaurier**
Oberhausen	Bushaltestelle am Hbf	**Surfbrett (Dach)**

12.4 Flughäfen

Flughäfen haben nur selten Beinamen, da sie ja meist schon einen Eigennamen besitzen. London Heathrow ist dabei eine Ausnahme. Wegen seines früher laxen Sicherheitsstandards hatte er lange den Spitznamen **Thiefrow**. Der Flughafen Gander in Neufundland war früher, als die Tankfüllungsreichweite von Flugzeugen noch nicht so groß war, eine wichtige Zwischenstation für Transatlantikflüge. Heute wird er kaum noch genutzt, hat aber noch eine Funktion als Ausweichflughafen, so zum Beispiel am 11. September 2001. Deshalb wird er auch **Lifeboat of the North Atlantic** genannt.

Andere Flughafenspitznamen leiten sich aus einer spöttischen Verballhornung des Namens ab. Beispiele sind Shithole für Amsterdam Schiphol, Dallas Fort Worthless und Chicago O'Scare (für O'Hare). Der ehemalige Flughafen von Cincinnati Lunken lag wassernah und litt bei einer Flut 1937 unter Überschwemmungen. Er wurde deshalb als **Sunken Lunken** verspottet. Später wurde weiter südlich, und vor Überschwemmungen sicher, ein neuer Flughafen gebaut. **The Tinshed** (die Blechbude) ist der Spitzname eines 1999 eröffneten Glas-Aluminium Terminals des Flughafens Luton bei London.

Während der mittlerweile stillgelegte zentrumsnah gelegene Flughafen Tempelhof in Berlin in den frühen 1930er Jahren nach dem Passagieraufkommen in Europa noch an der Spitze stand, verlor er durch die Teilung der Stadt an Bedeutung. 1948 landeten hier **Rosinenbomber** (Douglas DC 3), um die Sowjetblockade Westberlins zu umgehen, ein Denkmal auf dem Flughafenvorplatz, von den Berlinern **Hungerharke** genannt, erinnert heute noch daran. Das entsprechende Denkmal für das andere Ende der Luftbrücke steht am Frankfurter Flughafen. Vor seiner Stilllegung im Jahre 2008 schwebten hier oft VIPs in Privatflugzeugen ein, der Flughafen wurde senatsintern deshalb auch als **VIP Airport** bezeichnet. Zu einem Drehkreuz Europas, wie sich der Frankfurter Flughafen manchmal nennt, wird sich Berlin jedoch auch durch die für 2012 geplante Eröffnung des neuen Flughafens in Schönefeld in absehbarer Zeit nicht entwickeln. Der Flughafen Leipzig-Halle hat jedoch Ambitionen, ein europäisches Frachtdrehkreuz zu werden.

Der ehemalige Hongkonger Flughafen **Kai Tak** war einst für seine stadtnahen Landeanflüge auf kurzer Landebahn berüchtigt. Schwierige Landeverhältnisse weist auch der Flughafen von Reggio di Calabria in Süditalien auf, weshalb er als **Kai Tak Europas** bezeichnet wird. Der Flughafen von San Diego wird gelegentlich **Kai Tak Amerikas** genannt. Der 1997 eingeweihte neue Flughafen Hongkongs hat dagegen durch seine großzügigen verglasten Passagierhallen den Beinamen **Cathedral of Aviation.**

Denvers Flughafen ist für seine Umweltschutzambitionen bekannt und sieht sich als **green Airport**. Am Flughafen steht eine blaue Pferdestatue, die etwas unheimlich wirkt und im Volksmund **Bluecifer** genannt wird.

Die immer wieder verschobene Eröffnung des Flughafens Berlin-Brandenburg ruft nur noch Kopfschütteln hervor. Schuld daran ist auch eine lange nciht funktionierende Entrauchungsanlage, intern `**Monster**´ genannt.

Flughafen	Spitzname
Bilbao	**The dove (die Taube)**
Hongkong	**Cathedral of Aviation**
Gander	**Lifeboat in the North Atlantic**
Heathrow	**Thiefrow**
Haneda (Tokio)	**Big bird**
Chicago O' Hare	**O' Hell, O' Scare**

13. Landschaftsformen

13.1 Trümmerberge

Stadt	Trümmerbergbeiname
Berlin	Insulaner, Teufelsberg
Frankfurt	Monte Scherbelino
Köln	Monte Klamotte
Paderborn	Monte Scherbelino
Pforzheim (Wallberg)	Monte Scherbelino
Stuttgart (Birkenkopf)	Monte Scherbelino
Mailand	Monte Stella

Nach dem Rotwelsch-Wort für zerbrochenen Ziegelstein (Klamotte) werden manche Trümmerberge Monte Klamotte genannt, so in Köln. Häufiger ist jedoch der Begriff *Monte Scherbelino*. So heißt etwa der Birkenkopf in Stuttgart, seit er in den 1950er Jahren durch die Ablagerung von 15 Millionen Kubikmeter Trümmerschutt der nahen Großstadt um 40 Meter auf 511 Meter Höhe wuchs. Noch heute sind in den langsam überwachsenden Trümmern Gebäudeteile zu erkennen. Auch die natürliche Erhebung Wallberg in Pforzheim wuchs in den 1950er Jahren durch Trümmerablagerung um über 40 Meter - auf eine Gesamthöhe von 418 m und wird, wie in Stuttgart, Monte Scherbelino genannt. Die einst von mittelalterlicher Architektur geprägte ‚Goldstadt' Pforzheim war im Zweiten Weltkrieg völlig zerstört worden. Der Wind wehte verkohltes Papier der brennenden Stadt bis zum Bodensee. Monte Scherbelinos, allerdings weniger hohe, gibt es auch in Paderborn und Frankfurt. In Berlin gibt es mehrere Trümmerberge, so den Teufelsberg und den Insulaner. Ein fast 50 m hoher Trümmerberg steht im flachen Mailand - der Monte Stella, auch Montagnetta (Berglein) genannt.

13.2 Müllberge

Müllberg	Beiname
Augsburg (Gersthofen)	Monte Scherbelino
Dortmund-Deusen	Deusenberg
Frankfurt-Griesheim	Griesheimer Alpen
Fürth (Solarberg)	Monte Scherbelino, Tell Schutt
Hannover-Vahrenheide	Monte Müllo
Leipzig	Scherbelberg
Offenbach	Monte Scherbelino
Mönchengladbach-Rheydt	Monte Clamotte
New York Fresh Kills	Mount Garbage Mount Everest of Garbage
Rom, antiker Scherbenberg	Monte Testaccio

Der Scherbelberg im Leipziger Rosental ist ein Müllberg, der interessanterweise bereits im 19. Jahrhundert angelegt wurde. Noch älter ist der Monte Testaccio in Rom, ein Hügel, der vollständig aus Scherben von Gefäßen besteht, in denen in der Antike Getreide, Wein und Öl nach Rom gebracht wurde. Neuere Müllberge heißen, wie Trümmerberge, oft Monte Scherbelino, teilweise auch Monte Clamotte, Monte Müllo oder einfach ‚Alpen'.

Im flachen Hannover ist der Monte Müllo mit 122 m ü NN knapp vor dem Kronsberg die höchste Erhebung in der Stadt. Weil es auf Deponien zu natürlichen Senkungen kommt, könnte der Kronsberg allerdings langfristig wieder am Monte Müllo vorbeiziehen.

In New York wurde die 1948 eröffnete Deponie Fresh Kills auch *Mount Everest of Garbage* genannt. Sie war die größte Mülldeponie der Welt. Müll wurde mit Binnenschiffen auf diese am Meer gelegene Deponie gebracht. Im März 2001 wurde sie geschlossen, ein halbes Jahr später jedoch für die Aufnahme der Trümmer des World Trade Centers kurzzeitig wieder geöffnet.

13.3 Abraumhalden, Schlackenhalden

Stadt, Berg	Beiname
Abraumberge	
Bottrop	Bottroper Alpen
Bochum-Hiltrop	Hiltroper Alpen
Castrop-Rauxel	Mengeder Alpen
Dortmund-Hacheney	Monte Schlacko
Dortmund-Hombruch	Kilimanschlacko
	Hombrucher Alpen
Ibbenbüren, Haldenberg	Monte Anthrazito
Oberhausen-Königshardt	Mount Mc Schlacko
Hirschau, Kaolinberg	Monte Kaolino
Kali-Abraumberge	
Bokeloh (Niedersachsen)	Kalimandscharo
Heringen (Hessen)	Kalimandscharo, Monte Kali
Neuhof-Ellers (Hessen)	Monte Kali
Zielitz (Sachsen-Anhalt)	Kalimandscharo
Aushubmaterial Tunnelbau	
Dresden-Kaitz	Kaitzer Alpen

Kaliabraumberge werden öfters Kalimandscharo genannt, so in Heringen/Nordhessen (auch Monte Kali), Zielitz (Sachsen-Anhalt) oder Bokeloh (Niedersachsen).

In Dortmund-Hombruch gibt es eine Schlackenhalde namens *Kilimanschlacko*. Im Ruhrgebiet werden Abraumberge öfters ‚Alpen' genannt, so die Hiltroper, Bottroper, Mengeder und Hombrucher Alpen.

In Dresden-Kaitz entstanden aus Aushubmaterial eines Tunnelbaues westlich der B170 die Kaitzer Alpen.

In der Oberpfalz gibt es als Besonderheit einen Kaolinberg, den Monte Kaolino, auf dessen Gipfel sogar ein Skilift führt.

14. Architekten und Bauherren

14.1 Antonio Gaudi

Architekt	Lebenszeit	Beiname
Antonio Gaudi (E)	1852-1926	Architekt Gottes
Ödön Lechner (HU)	1845-1914	Gaudi Ungarns
Wladyslaw Horodecki	1863-1930	Gaudi der Ukraine

Der katalanische Baukünstler Antonio Gaudi (er starb 1926 als er von einer Straßenbahn überfahren wurde) gilt als einer der originellsten Architekten. Sein avantgardistischer Architekturstil lässt sich nur schwer in die damals vorherrschenden Architekturströmungen einordnen. Zwei osteuropäische Architekten der Jahrhundertwende, deren Stil ebenfalls schwer zuzuordnen ist, werden deshalb mit Gaudi verglichen. Der Architekt Ödön Lechner gilt heute als *Gaudi Ungarns*, Wladyslaw Horodecki, mit seinem seltsamen *Haus der Chimären* in Kiew als *Gaudi der Ukraine.*

Der Maler Friedensreich Hundertwasser, der auch für seine farbenfrohen Bauwerke bekannt war, wurde einst auch als *unehelicher künstlerischer Sohn Antonio Gaudis* bezeichnet.

Gaudi selbst wurde, auch wegen der von ihm begonnenen Sagrada Familie, die bis heute nicht fertig gestellt ist und im November 2010 vom Papst geweiht wurde auch als *Architekt Gottes* bezeichnet. Weil die Sagrada Familia seit ewiger Zeit Baustelle ist, sind bereits Bauvorhaben, die sich ewig in die Länge ziehen, als ‚Sagrada Familia von..' bezeichnet worden. Einige Gaudi-Bauwerke in Barcelona tragen selbst Beinamen, so *La Pedrera* (der Steinbruch) für das Casa Mila, *Haus der Knochen* für das Casa Battlo und *Hänsel und Gretel* für zwei lebkuchenartige Gaudi-Häuser im Parc Güell.

14.2 Vater der..

Architekt	Lebenszeit	Vater der/des...
Filippo Brunelleschi	1377-1446	Renaissance-Architektur
Frederick L. Olmsted	1822-1903	US-Landschaftsarchitekt.
Louis Henry Sullivan	1856-1924	Funktionalismus
W. Le Baron Jenney	1832-1907	Wolkenkratzers
Walter Gropius	1883-1969	modernen Architektur
Alvar Aalto	1898-1976	mod. skand. Architektur
Robert Venturi	*1925	Postmoderne
Malcolm Wells	1926-2009	Mod. erdbedeckten Arch.

Architekten mit Pioniercharakter werden manchmal als 'Vater von..' bezeichnet.

Filippo Brunelleschi, der seinen Ruhm seiner genialen Konstruktion der Kuppel des Florentiner Doms verdankt, galt als *Vater der Renaissance-Architektur*.

Frederick Law Olmsted gilt wegen seines siegreichen Entwurfes für den New Yorker Central Park als ‚*Father of American landscape architecture*'. Der Amerikaner Louis Henry Sullivan, der den Spruch *form follows function* prägte, gilt als *Vater des Funktionalismus*. Er arbeitete im Büro von Wiliam Le Baron Jenney, der das 1885 erbaute *Home Insurance Building* in Chicago entwarf, welches als erstes Hochhaus der Welt galt, was Jenney zum Beinamen ‚*father of the skyscraper*' verhalf.

Walter Gropius, der Begründer des Bauhauses, gilt als ‚*Vater der modernen Architektur*'. Der finnische Architekt Alvar Aalto wird manchmal als *Vater der modernen skandinavischen Architektur* bezeichnet (Finnland liegt im geogr. Sinne eigentlich nicht in Skandinavien).

Der Amerikaner Robert Venturi, der eigentlich wenig gebaut hat, gilt (noch heute) als wichtiger Vertreter, für manche sogar als *Vater der Postmoderne*. Weniger bekannt ist der einst wörtlich im Untergrund lebende US-Amerikaner Malcolm Wells, der manchmal ‚*father of modern earth sheltered architecture*' genannt wird.

14.3 Andere Architektenbeinamen

Architekt	Lebenszeit	Beiname
Heinrich Schickhardt	1558-1635	Schwäbischer Leonardo
Edward Blore (UK)	1787-1879	Blore the bore
Joseph Polaert (BE)	1817-1879	Der schiefe Architekt
Josef Hoffmann (AT)	1870-1856	Quadratl-Hoffmann
Fritz Höger	1877-1949	Klinkerfürst von Hamburg
Richard Paulick	1903-1979	Roter Schlüter d. Ostens
Albert Speer	1905-1981	Des Teufels Architekt
Ieoh Ming Pei (USA)	*1917	Chinesischer Metternich
Frank Gehry (USA)	*1929	High tech iconoclast
Richard Meier (USA)	*1934	The white guy
Ulrich Müther	1934-2007	Meister des Schalenbetons
Helmut Jahn	*1940	Turmvater Jahn
Jacques Rougerie	*1945	Capitaine Nemo

Der württembergische Hofarchitekt Heinrich Schickhardt wird auch *Schwäbischer Leonardo* genannt.

Der chinesischstämmige US-Architekt Ieoh Ming Pei wird dagegen manchmal als *chinesischer Metternich* bezeichnet. Joseph Polaert, der Erbauer des riesigen Brüsseler Justizpalastes, wurde von englischen Ingenieuren *chief architect* tituliert, das verballhornten flämische Bauarbeiter zum „*schieven architect*'. Der amerikanische Architekt Richard Meier wird wegen seiner meist schneeweißen Bauten auch ‚*The white guy*' genannt. Fritz Höger galt wegen seiner Klinkerbauten dagegen als ‚*Klinkerfürst von Hamburg*'.

Der deutsch-amerikanische Hochhaus-Architekt Helmut Jahn wird in Anspielung auf den Turnvater Jahn dagegen auch *Turmvater Jahn* genannt.

Der französische ‚Unterwasserarchitekt' Jacques Rougerie, der ozeanographische Forschungsstationen (so den Sea Orbiter für dei NASA) entworfen hat, gilt der Presse auch als *Capitaine Nemo*.

14.4 Stadtplaner und Bürgermeister

Stadtplaner	Spitzname
Hippodamus von Milet	Vater der Stadtplanung
Baron Haussmann	Der Abreisser
Sir Patrick Geddes	Father of modern town planning
Robert Moses	Master builder, Big bob the builder

Hippodamus von Milet (5. Jh. vor Christus, genaue Lebensdaten unbekannt), der an der Neugründung von Milet mitwirkte, gilt als ‚Vater der Stadtplanung‘. Paris wurde durch den Präfekten Georges-Eugène Haussmann (1809-1891) durch großzügige Boulevards zur Weltstadt umgestaltet. Dabei wurde auf kleinteilige mittelalterliche Bebauung wenig Rücksicht genommen, was Haussmann zum Spitznamen *,Abreisser‘* verholfen hat. In den USA galt Robert Moses (1888-1981), ein Stadtplaner, der für Schnellstraßen gewachsene Viertel abreißen ließ, als *,Haussmann New Yorks‘*, von der Presse auch *'big bob the builder'* oder, freundlicher, *,Master builder‘* genannt.

Bürgermeister

Bürgermeister	Beiname
Rudi Arndt (Frankfurt)	Dynamit-Rudi
Juri Luschkow (Moskau)	Herr der Ringe

In Moskau hatte Juri Luschkow (*1936), 1992-2010 Oberbürgermeister, wegen seiner Autobahnringprojekte den Beinamen *,Herr der Ringe‘*. Rudi Arndt, 1972-1977 Oberbürgermeister Frankfurts wurde wegen seiner unsentimentalen Abrisspolitik auch *Dynamit-Rudi* genannt.

14.5 Baukönige/roi batisseur

Roi/Prince batisseur, Baukönig	Lebenszeit
Herodes der Große	73v.C.-4v.C.
Philipp II. August (Frankr.)	1165-1223
Heinrich IV. (Frankreich)	1553-1610
Christian IV (Dänemark)	1577-1648
Leopold II. (Belgien)	1835-1909
Rainier III (Monaco)	1923-2005

In französischsprachigen Ländern gibt es den Ausdruck *roi batisseur* (Baukönig) für besonders baulustige Monarchen. Dazu zählten in Frankreich Philipp II. und Heinrich IV., welcher in Paris unter anderem den Place des Vosges und den Place Dauphine anlegen ließ. In Belgien galt der durch die Bodenschätze des Kongos sehr reich gewordene Leopold II. as *roi batisseur* (in Brüssel u.a. Palais Royal, Cinquantenaire-Park, Tervueren-Museum). In Monaco galt Rainier III., der das Fürstentum durch Landaufschüttung erweitern ließ, als *prince batisseur*.

Einen als Baukönig bezeichneten Herrscher gab es in Deutschland nicht. Jedoch hätte der bayerische König Ludwig II. (Neuschwanstein, Schloss Herrenchiemsee) durchaus diesen Titel verdient. Kaiserin Auguste Viktoria (1858-1921) wurde wegen der vielen Kirchen, die sie (vor allem in Berlin) bauen ließ, vom Berliner Volksmund *Kirchenjuste* genannt. In England galt Henry II (1133-1189) als ‚*builder of churches‘*.

In der Antike galt Herodes der Große, der in Jerusalem einen Königspalast errichten ließ, als Baukönig.

Anhang - Gebäudebeinamen wichtiger Städte

Berlin	
Aigner Nordwand	Verbraucherschutzministerium
Banane am Alex	Einkaufszentrum Alexia
Berlin Brain	Bibliothek der FU Berlin
Beamtenlaufbahn	Spreebrücke im Regierunsgviertel
Bierpinsel	Turmrestaurant Steglitz
Blitz	Jüdisches Museum
Bonnies Ranch	Karl Bonhoeffer-Nervenklinik
Café Achteck	Achteck-Herrenpissoirs
Café Schönstedt	Amtsgericht Neukölln
Goldelse	Figur auf der Siegessäule
Gürteltier	Ludwig-Erhard-Haus
Hohler Zahn	Gedächtniskirche (Ruine)
Kommode	Juristische Fakult. Humboldt-Uni
Kongressdampfer Panzerkreuzer Protzki	ICC-Kongresszentrum
Kraftwerk Gottes	Kirche am Hohenzollernplatz
Lippenstift und Puderdose	Gedächtniskirche (Neubauten)
Langer Lulatsch	Funkturm
Melittakirche	St. Markus in Spandau
Nuttenbrosche	Brunnen auf dem Alexanderplatz
Palazzo Prozzo Erich's Lampenladen	Palast der Republik
Rosarotes Rathaus	Rotes Rathaus
Rost und Silberlaube	Gebäude der FU Berlin
Sacco & Jacketti	Marx-Engels-Denkmal
Schlange	Überbauung Schlangenbader Str.
Schwangere Auster	Kongresshalle im Tiergarten
Seelengasometer	Dom
Telespargel, St. Walter	Fernsehturm (Ost)
Tortenstück	SPD-Parteizentrale
Waschmaschine Rentenloch, Elefantenklo	Kanzleramt
Wasserklops	Weltkugelbrunnen Breitscheidpl.
Zirkus Karajani (früher)	Berliner Philharmonie

Frankfurt am Main	
Bleistift	Messeturm
Bundeskegelbahn	Kunsthalle Schirn
Elefantenfuß	Technisches Rathaus
Gemieskerch (Gemüsekirche)	Großmarkthalle
Ginnheimer Spargel	Fernsehturm
Das Gerippte	Westhafen Tower
Pastete und Flasche Wein	Paulskirche
Raumschiff	Airrail Center (Flughafen)
Silver tower	Ehem. Dresdner Bank Turm
Soll und Haben	Deutsche Bank (2 Türme)
Tortenstück	Kunstmuseum
Bochum	
Twin Towers	Hoteltürme am Bahnhof
UFO	Audimax der Ruhr-Uni
Bremen	
Moschee	Fallturm
Umgedrehte Kommode	Wasserturm am Werder
Walfisch	Universum Science Center
Dortmund	
Bierkiste	Rathaus
Florian	Fernsehturm
Pommesbude m. Gleisanschl.	Hauptbahnhof
Fußball-Oper	Westfalenstadion
Dresden	
Blaues Wunder	Elbbrücke
Silberwürfel	Ehem. Centrum-Kaufhaus
Zitronenpresse	Hochschule f. Bildende Künste
Käseglocke	Wartehaus am Postplatz
Radeberger Brauerei	Semperoper
Düsseldorf	
Dreischeibenhaus	Thyssen-Hochhaus
Schunkelnde Türme	Gehry-Häuser im Medienhafen
Stabilste Kirche der Welt	Bunkerkirche St. Sakrament

Duisburg	
Keksdosen	Uni-Rundbauten
Wunder von Marxloh	Merkez-Moschee
Silberburg	Klöckner-Bürohaus
Tausendfensterhaus	Haus Ruhrort
Essen	
Ruhrgebiet-Eiffelturm	Zeche Zollverein
Das Aalto	Aalto-Oper
Hamburg	
Affenfelsen	Oberpostdirektion City Nord
Lindwurm	TU Hamburg Harburg
Santa Fu	JVA Fuhlsbüttel
Schwimmoper	Alsterschwimmhalle
Michel	St. Michael
Telemichel	Fernsehturm
Hannover	
Die drei warmen Brüder	Heizkraftwerk
Petersdom des Nordens	Basilika St. Clemens
Telemax	Fernsehturm
Telemoritz	Fernsehturm
Köln	
Alfreds Glasladen	Neuer Dumont Konzernsitz
Bahnhofskapelle	Hauptbahnhof
Colonius	Fernsehturm
Henkelmännchen	Lanxess Arena
Kalk-Atraz	JVA Kalk
Schmuckkästchen	Rheinenergiestadion
Siebengebirge	Speicherbau im Rheinauhafen
Walfisch, Ei	Peek&Cloppenburg-Kaufhaus
Zitronenpresse	St. Engelberg
Leipzig	
Blechbüchse	Kaufhaus am Brühl
Kohlrabizirkus	Großmarkthalle
Weisheitszahn Steiler Zahn	Ehem. Unihochhaus

München	
Bayerische Akropolis	Maximilianeum
Salatschüssel, Weißwurstkessel	BMW-Museum
Arroganz-Arena, Ufo, Kaiser-Klo, Schlauchboot Schwimmreifen,	Allianz-Arena
Luthers Achterbahn	St. Matthäus
Schweinchenbau	Psychologische Fakultät d. Uni
St. Adelheim	JVA Stadelheim
Vierzylinder	BMW-Hochhaus
Stuttgart	
Möhringer Eiffelturm	Richtfunkstation
Schwäbische Akropolis	Königsbau
Wolkenkratzerle	LBS-Hochhaus
Wuppertal	
Atadösken	Wasserturm am Pfaffenhaus
Beamtenrutsche	Verbindungsgang Barmer Rath.
Köbo-Haus	Schwebebahnstat. Döppersberg
Rapunzel, Schneewittchen-Sarg	Schwebebahnstat. Ohligsmühle
Wunderbau	Gebäude am Hofkamp

Wien	
Mottenkugelmoschee	Zacherlfabrik
Spargelburg	Palais Coburg
Steffl	Stephansdom

Zürich	
Affenkasten (Affe-Chaschte)	Schulhaus Hohe Promenade
Fleischkäse	Opernhaus-Neubau
Höh-Töh	Höhere Töchterschule
Hündli-Huus	Zunfthaus zum Rüden
Salz und Pfeffer	Großmünstertürme
Stallehadion	Hallenstadion
Tintenburg	Sihlpost
Urinia	Hauptwache Urania

Andere Städte

Brüssel	
Berlaymonstre	Berlaymont (EU-Kommission)
Caprice des Dieux (Laune der Götter = Käsesorte)	EU-Parlament
Cébébédé	Belgisches Comiczentrum (Centre Belge de la Bande Dessiné, CBBD)
Koekelique de Basilberg	Basilique de Koekelberg
Das Mammut	Justizpalast
Paquebot (Dampfschiff)	Flagey Radiozentrum
Regenschirm Brüssels	Galeries Royales Saint-Hubert
Neuschwanstein Brüss.	Bayerische Vertretung

London	
Erotic Gherkin (erotische Gurke)	Swiss Re Hochhaus
Glass testicles (Glas-Hoden)	City Hall
Old Lady of threadneedle street	Bank of England
Wobbly Bridge (zeitweise)	Millenium Bridge

Paris	
Alte Dame von Paris	Eiffelturm
Sixtinische Kapelle des Impressionismus	L'Orangerie
Ölraffinerie, Notre-Dame der Röhren	Centre Pompidou

Rom	
Schreibmaschine	Viktor-Emanuel-Denkmal
Tagliatelle	Zaha Hadid-MAXXI-Museum

Literatur

Josef Fellsches, Rainer Küster, Frank Schnieber
- **Bochumer Wortschätzchen**
- **Dortmunder Wortschätzchen**
- **Duisburger Wortschätzchen**
- **Essener Wortschätzchen**
- **Gelsenkirchener Wortschätzchen**
Leck 2009

Ruta Malikenaite
Stadtbummel durch Kiew
Baltija Dryk, Kiew 2003

Jürgen Meyer
Wat is wat
Das Ruhrstadt-Wörterbuch
Essen 2008

Matthias Rickling
Stadtlexikon- (Fast) alles über Wuppertal
Herkules Verlag, Kassel 2008

Indre Speciunaite, Vykintas Bartkus
Naked Vilnius , Un-Tourist Guide
Vilnius 2007

Anja Spangenberg
Kleines Darmstadt-ABC
Husum Verlag, 2009

Webseiten

Big Apple
http://www.barrypopik.com/

Bijnaamen voor Gebouwen (Gebäudebeinamen)
http://www.bijnamenvoorgebouwen.nl/

Göteborgshumor.com
http://www.pelibud.se/goteborgshumor/referenser.asp

Mundmische
(Neue umgangssprachliche Ausdrücke und Slangworte)
http://www.mundmische.de

Redensarten.de
http://www.redensarten-index.de

Skyscrapercity
http://www.skyscrapercity.com/showthread.php?t=543493

Urban Dictionary
http://www.urbandictionary.com

Wienerisch-Lexikon
http://www.janko.at/Wienerisch/Lexikon/a.htm

Wikipedia
Artikel zum Berolinismus
http://de.wikipedia.org/wiki/Berolinismus

Züri-Slängikon
http://zuri.net/slang

Wuppertal-Beinamen
http://www.wz-wuppertal.de/?redid=738435

Moderne Regional-Themenheft Sommer 19- Nicknames
https://www.moderne-regional.de/nicknames-19-3/

Weitere Beinamenbücher von Richard Deiss

(siehe auch www.bod.de)

Der Nabel des Mondes und die Träne im Indischen Ozean
333 Länderbeinamen und wie es zu ihnen kam
Books on Demand, Norderstedt 2010

Von der Blauen Banane zum Rhabarberdreieck
222 Regionsbeinamen und was dahinter steckt
Books on Demand, Norderstedt 2010

Elbflorenz und Sprayathen
555 Städtebeinamen und Stadtklischees von Blechbudenhausen
bis Schlicktown
Books on Demand, Norderstedt 2019

Hibbdebach bis Dribbdebach
222 Stadtteilbeinamen und was dahinter steckt
Books on Demand, Norderstedt 2019

Silberling und Bügeleisen
1000 Spitznamen in Transport und Verkehr und was dahinter
steckt
Books on Demand, Norderstedt 2010

Schicksalsberg und Fuselfelsen
777 Beinamen von Bergen, Inseln, Seen und Flüssen
Books on Demand, Norderstedt 2019